마케팅 사고법

CEO를 위한

마케팅
사고법

박진영 지음

차례

추천사 코칭을 받았던 수많은 '기업 대표'들의 추천사 · 08
프롤로그 최고의 CEO들이 사랑한 비밀 코치 · 15

Part01.
모든 CEO는 마케터가 되어야 한다

부자 사고법1 나는 왜 부자가 되어야 하는가 · 28
부자 사고법2 사업을 해야 하는 사람 vs. 사업을 할 수 있는 사람 · 38
부자 사고법3 내 사업의 정체성을 찾기 위한 좋은 질문들 · 45
부자 사고법4 내 사업은 내가 누구인지를 비추는 거울이다 · 50
부자 사고법5 확고한 철학이 확고한 상품을 만들어낸다 · 57

Part02.
비즈니스는 성과로 말한다

비즈니스 사고법1 성과가 나는 마케팅이란 무엇인가 · 67

비즈니스 사고법2 마케팅보다는 비즈니스를 위한 사고법을 장착하라 · 74

비즈니스 사고법3 기업가들이 반드시 하는 것:
구체적인 목표와 계획 세우기 · 83

비즈니스 사고법4 지속적으로 부를 끌어당기는 마케팅의 비밀 · 90

비즈니스 사고법5 비즈니스 모델 파악하기 · 97

부록 위대한 기업들의 비즈니스 모델 캔버스 · 108

Part03.
관점을 바꾸면 돈이 보인다

관점 전환 사고법1 상대방이 원하는 걸 주어라 · 127

관점 전환 사고법2 나다움이 곧 브랜딩이다 · 133

관점 전환 사고법3 SNS는 목적이 아닌 수단이다 · 140

관점 전환 사고법4 Think Different! · 148

관점 전환 사고법5 어떤 제품이 위대한 제품인가 · 156

관점 전환 사고법6 고객의 마음을 스토리와 콘텐츠로 매료시켜라 · 163
관점 전환 사고법7 고객은 꼭 필요한 것만 사지 않는다 · 172
관점 전환 사고법8 까다로운 고객이 명품을 만들어낸다 · 178
관점 전환 사고법9 가능한 한 많은 사람의 마음을 움직여라 · 183
관점 전환 사고법10 고객을 바라보는 방법은 단 하나, 진정성이다 · 191

Part04.

최고의 CEO들에게서 배우는 부의 마인드

마인드1 최고가 되려면 최고에게서 배우고, 최고로부터 인정받아라 · 203
마인드2 나에게 집중하는가, 남에게 집중하는가 · 208
마인드3 부자가 세상을 보는 1% 차이 · 214
마인드4 정신적으로도 풍요로운가 · 220
마인드5 윈-윈에 대한 확고한 철학 · 225

에필로그 기획자의 에필로그 · 230

코칭을 받았던
수많은 '기업 대표'들의
추천사

이종현 클린&비건 뷰티 D기업 대표
나이 차이는 20년 이상 나지만, 저는 요즘 지인들 대화 중 '나에게 젊은 멘토 있다.'고 진코치님 이야기하는 습관 생겼습니다. 덕분에 건강, 돈, 가족 관계, 감정 모든 면에서 균형 있는 삶을 살도록 해주셨습니다. 귀한 인연으로 우리 가족과 회사 멘토 고문 역할 해 주셔서 코치님 감사하고, 존경합니다!

심현진 C인문교육센터 대표, 목사, 작가
인생과 사업의 본질은 'Who am I', 즉 내가 누구인지를 명확히 알고 그것을 바탕으로 찾은 비전으로부터 시작되고 완성됨을, 이론이 아니라 삶으로 먼저 보여주는 저의 최고의 굿 멘토이자 모두의 인생 코치입니다. 성공하기로 결정했다면 박진영 코치를 멘토 삼으시길 강력히 추천합니다.

박서진 W기업 COO
마케팅 방법론을 배우고자 참석한 수업에서 사업의 본질을 배웠습니다. 본질을 잊지 않으며 지속적으로 업무를 해오다 보니 성과를 계속 낼 수 있었고, 사업 전략 기획업무를 하는 현재까지도 성과를 지속적으로 낼 수 있게 되었습니다. 대표님의 마케팅 수업, 그리고 '본질'에 대한 가르침은 제 커리어를 100% 바꿔 놓았습니다.

이성호 영국 K외식업 대표

내가 사업을 하는 동안 어떠한 상황에서도 요동치지 않는 사업 철학의 심지를 심어 주셨습니다. 더 나아가 삶을 살아가는 동안 어떤 마음가짐으로 내가 살아야 할지, 진정한 행복은 무엇인지를 끌어내 주시는 분입니다. 자기계발에 식상하고 권태기에 있는 분들, 즉각 실행하시게 될 겁니다. 책을 읽다 보면 독자분들도 이 강한 에너지가 어디서 나오는 걸까 알게 되실 겁니다.

Joyce 캐나다 기업 컨설턴트

인생에 길을 잃었을 때 환하게 비추어주는 등불 같은 길잡이
인생에 성공방정식을 일대일 코칭하는 일타강사

서관덕 S인테리어 기업 대표, 작가

4년 전 코로나19가 찾아오며 10년 넘게 유지하던 회사를 폐업하였습니다. 매출은 0에 가까웠습니다. 이때 박진영 대표를 만나 코칭을 받게 되었습니다. 결국 3개월 만에 월 매출 1억 원을 올릴 수 있었습니다. 위기를 만난 사람들이라면 반드시 읽어야 할 책입니다. 확실한 답을 찾을 수 있을 것입니다.

윤인숙 D기업 대표

코칭 강의는 제게 큰 충격을 주었습니다. 실력만 있으면 된다고 생각했던 저는 어떤 한계에 부딪치고 있었습니다.
진코치님 코칭 후, 질문을 통해 제 문제점을 스스로 찾게 해주신 덕분으로 저는 현재 매출에 상당한 호전을 보이고 있습니다. 이 책은 무엇보다 근본적인 문제의 핵심과 답을 알려주는 책입니다. 저를 밖으로 나오게 해주셔서 감사드립니다.

함해식 W특수용접 대표
4년 전 특수용접 창업 후 수입이 일정하지 않았습니다. 지인 추천으로 박진영 코치님의 마케팅 강의를 들었고, 덕분에 독서모임과 코칭을 통해 고객에 본질을 공부했고, 제 분야에서 전문성을 확고히 가지고 책 출간까지 할 수 있었습니다.

박정하 한의사
박진영 코치님의 '사고법'을 네 번이나 읽으며, '나'라는 사람이 그리고 '내 사업이 세상에 왜 필요하며 무엇을 내놓을 것인지' 다시 확실하게 알게 되었습니다. 감사합니다.

김태경 PD
나만 알고 싶은 비밀 코치, 다큐를 찍을 때 희열이 느껴지는 순간이 있다면 예상치 못한 반응과 기대 이상의 언어! 박진영 코치님 성공스토리 이면의 진솔함과 몰입이 매력적이신 분! 왜 CEO들이 숨기고 싶어 했는지 납득이 갔다. 그 에너지로 나답게 나를 채우고 나도 좋은 사람이 되고 싶다.

권미현 교수, 프랜차이즈 기업 대표
'힘드니까 사장이다.' 경영자로서 마음과 멘탈을 잘 정리하고 건강하게 지속시켜 주신 박진영 코치의 남다른 코칭 감사합니다.

현혜선 작가, H카페 대표
에너지를 끌어올리고 나를 잘 돌보며 나답게 균형 잡힌 삶을 살아가는 마케터의 삶을 살 수 있게 코칭해 주시는 박진영 코치님! 감사합니다.

박찬영 A한의원 원장

부딪히고 깨지며 경험하신 소중한 마음속 열매를 필요한 분들에게 조건 없이 함께 나누는 그 마음 자체에 배우는 게 많았습니다. 앞으로도 선한 영향력 많이 펼치시길 응원합니다!

손연수 B스터디카페 대표

나는 돈을 많이 벌고 싶었고 빠르게 성공하는 법을 배우고 싶었지만 대표님은 꼼수나 편법을 가르치지 않고 오히려 호되게 나를 돌아보게 만드는 코칭들을 해주셨다. 과정은 고되고 힘들었지만 결과적으로 나는 단단하게 성장할 수 있었다. 이런 스승이 아직 남아 있다는 것은 참 반가운 일이다!

김서한 A기업 대표

박진영 대표님의 코칭은 제가 인지하지도 못한 것까지 저보다 저를 더 잘 파악하시고 비즈니스에서부터 개인적 문제까지 완벽하게 개선된 말도 안되는 통찰의 컨설팅이었습니다. 덕분에 결혼과 비즈니스가 조화롭게 되었습니다.

곽현이 작가, O기업 대표

박진영 코치님과 비밀과외를 통해 마케터의 시선으로 세상을 바라보는 연습을 시작했어요. 새로운 경험이었어요. 세상을 바라보는 시선이 달라지고 나니, 고객이 먼저 보이기 시작했고 그것이 곧 돈의 흐름이라는 걸 깨닫게 되었어요.

이 책에 담긴 내용을 한 가지라도 내 것으로 만들어 사회공동체를 살아가고 있는 모두에게 적용한다면, 다 함께 성장하고 지금보다 행복한 삶을 살아가는 가이드가 되어줄 것입니다.

이지현 K코칭기업 대표

박진영 대표님은 경영자가 필요한 부분까지 세심하게 챙겨주는 특별한 재능을 가진 마케팅 전문가입니다. 이 책은 뛰어난 마케팅 전략과 경영 통찰을 담고 있어, 모든 경영자와 마케터에게 깊은 영감을 줄 것입니다.

강정선 캐나다 W 유아교육센터 센터장

나를 알아가는 인생 수업! 나를 변화시키고 사업을 키워갈 수 있는 능력을 키웠습니다. 큰 성과를 위한 작은 변화를 만들어 주신 박진영 대표님 너무 감사합니다.

김미영 작가, 국제 프로젝트 디렉터

박진영 대표님은 세미나에서 처음 뵈었습니다. 모호하게만 느껴졌던 마케팅을 좀 더 본질적인 시각으로 보게 되는 계기가 되었습니다. 제품과 서비스를 제공하려는 본질의 값진 인사이트!! 감사합니다!

정민 디자이너

코치님과 함께 했던 시간들은 겁나고 무서웠지만, 새로운 도전을 하며 매순간 '나도 충분히 할 수 있구나!'를 깨닫고 무한한 가능성의 보물을 발견하는 귀한 시간들이었어요! 너무 힘들 때마다 슈퍼맨처럼 도와주셔서 진심으로 감사합니다!

이지원 크리에이터

코칭 강의를 듣고 난 후, 오프라인 강의를 들었을 때, 진코치님이 가감없이 모든 노하우를 알려 주셨다. 그리고 내 생각의 수정할 부분을 발견하게 해주었다. 이 책을 읽으면서 질문에 답을 하면 성장은 기본이다. 돈 버는 세상이 바뀌고 있는데, 지금 고민하고 있는 분들이 답을 찾을 수 있는 책이다.

김민성 B스포츠기업 대표
"아하~ 이게 비지니스구나"를 알려준 탁월한 마케터, 그의 메시지 곳곳에는 누구나 활용 가능한 비지니스의 기본기가 숨어 있다.

김영태 W기업 경영기획실 실장
목표치를 명확하게 하면서 수단을 적절하게 잘 사용해야, '나다움'이 유지되고 목적을 달성할 수 있다는 것을 깨닫습니다. '나다움'을 찾고 유지하는 방법을 알려주셔서 고맙습니다.

정선덕 IT 기업 이사
깊은 인사이트 지닌 귀한 글 나누어 주셔서 감사합니다. 박진영 대표님의 스토리와 나눔에 다시 한번 감사드립니다.

전인옥 작가
그동안 저는 블로그로 어떻게 하면 돈을 벌 것인가에 집중하며 이를 실행하고 책까지 냈습니다. 박진영 코치님을 알게 된 이후로 사고의 확장이 이루어지며 제 길이 보이기 시작했습니다. 감사합니다.

송정희 P기업 대표
블로그, 이름을 만들고 10년 이상 빈방으로 있었습니다. 조금씩 하다 보니 매일 발행이 가능해졌습니다. 사진 1장이라도 올리기 시작했습니다. 하다 보니 방법을 찾아가고 있습니다. 본질을 바라보는 시각, 고객의 입장을 마음에 새깁니다. 얼마 전 발행한 글이 네이버 블로그 인기글 두 번째 올라오는 놀라운 일이 벌어졌습니다. 비밀 댓글로 강의 의뢰도 들어오고 있습니다. 지속 성장하고 발전합니다. 박진영 대표님!!! 감사합니다.

프롤로그

프롤로그

최고의 CEO들이 사랑한 비밀 코치

이 책을 집필하는 긴 시간 동안, 단순히 책 내용보다 훨씬 더 많은 고민을 하게 된 부분은 바로 내 사업과 이 사업을 하는 '나'라는 사람의 정체성에 관련된 것이었다. 10대 때부터 SNS를 능숙하게 다루는 소질 때문에 크고 작은 기업의 대표들에게 도움을 주던 일을 시작으로 나는 어느덧 '마케터'라는 이름을 달고 살아가게 되었다.

어릴 때부터 《시크릿》이라는 책을 보며 큰 사업가가 되는 상상을 했지만 그것이 구체적으로 어떤 모습으로, 무엇을 통해 이루어져야 하는지에 대해서는 늘 막연했던 게 사실이다. 그러다 보니 막상 사람들에게 내가 잘하는 SNS를 알려주고 그것이 사업에 도움이 된다는 것이 기쁘기는 했지만, 항상 마음 한구석이 허전했다. 내가 정말 하고 싶은 게 무엇일까, 나는 어떤 사업가가 되어야 하는 것일까에 대한 구체적인 목표와 계획이 필요했다.

대한민국의 모든 CEO들의 마케팅 문맹 탈출을 돕고, 부자가 되는 관점을 알려주겠다는 비전과 사명을 세우고 달려온 지도 몇 년이라는 시간이 흘렀다. 크든 작든 수많은 성공사례가 배출되면서 내가 실전으로 경험한 마케팅 노하우와 개념들을 한 번쯤 정리하고 가야겠다는 생각을 하게 되었고 그것이 책으로 집필되기에 이르렀다. 너무나 명확한 데이터와 사례들이 있고 또 그 기업들은 여전히 성장세를 타고 있기에 책을 집필하는 일에 긴 시간이 필요하지 않으리라 생각했지만, 시간을 거듭할수록 고민에 빠지게 된 것은 앞에도 말했듯 바로 나의 정체성이었다. 나는 비로소 몇 년 동안 내가 해온 수업, 컨설팅해온 내용들을 살펴보면서 내가 하는 일을 '마케팅'이라는 세 글자에 담기가 애매하다는 생각에 이르렀다.

마케팅은 흔히 비즈니스에서 상품과 서비스를 소비자

에게 공급하기 위한 활동을 일컫는 말이고 사람들에게 이미 그렇게 각인되어 있다. 이제 온라인으로 영역이 확대되어 온라인 마케팅 없이는 사업이 굴러가지 않는 경우도 허다하고 나는 분명 소셜미디어를 활용한 온라인 마케팅에 대해 확실한 노하우를 갖고 있는 것이 사실이다.

그러나 지난 몇 년 동안 내가 가장 탁월하게 해온 일 중 온라인 마케팅에 관련된 일은 지극히 일부에 지나지 않는다는 사실을 깨달았다. 즉, 나는 만나는 기업의 대표들과 사업의 목표를 구체적으로 수립하고 시장을 움직이는 마케팅 사고법을 가지는 것에 집중한 것이다. 지금 현재 원하는 만큼 매출이 일어나지 않는다면 그 원인을 분석하고 매출이 일어날 수 있는 비즈니스 모델을 세우는 데 들인 시간이 훨씬 많았다. 단순히 SNS를 잘 활용하는 방법을 배우는 데 들이는 시간보다 이 작업이 중요하다고 생각했던 것인데, 그 생각이 매번 적중했다. 나와 머리를 맞대고 이 수순을 밟았던 기업들은 하나같이 목표에 도달하는 성과를 거두었다.

이러한 일이 우리가 보통 '마케터'라고 하는 사람들이 하는 일과는 좀 다르다는 것을 느끼면서 나는 아직도 나에게 어떤 이름을 붙여야 하는지에 대해 고민하는 중이다. 그러나 확실히 발견한 것 하나는 나의 이 직업적 마인드가 어디에서 영향을 받았는가 하는 것이다. 그것은 바로 '최고'라고 일컫는 부와 성공을 동시에 거머쥔 사람들로부터다. 나는 운이 좋게도 연매출 5,000억이 넘는 기업 회장님을 비롯해 내로라하는 기업의 마케팅을 총괄하면서 함께 비즈니스 전략을 고민하는 일을 담당하고 있다. 내가 굳이 '부'와 '성공'을 나누어 이야기하는 것은, 내가 만난 그들은 단순히 돈을 많이 번 부자가 아닌 그 돈으로 행복을 이야기할 수 있을 정도의 삶의 성공을 거둔 분들이었기 때문이다. 나는 그들로부터 엄청난 영감을 받았다.

최고가 되기 위해서는 최고에게 배워야 하고, 또한 최고로부터 인정받아야 한다는 말을 믿는다. 나는 성공을 간절히 원하는 사람들이 비즈니스의 본질적 개념을 이해하고 단순히 소비자에게 상품을 판매하는 마케팅이 아닌 소비자의 마음을 움직이고 시장을 흐름을 이해하는 마케팅적 사고를 장착하는 데 기여하고자 한다. 또한 지금 이 순간에도 포기하지 않고 사업을 존속하기 위해 뛰고 있는 모든 대표들이 반드시 큰 부를 이루어 타인과 공유하는 기쁨을 누리기를 원한다.

나는 최고들을 만나고 그들로부터 귀한 사랑을 받으면서 '부'를 끌어들이는 것과 부를 밀어내는 것은 한 끗 차이밖에 나지 않는다는 사실을 발견했다. 지금 우리가 맞닥뜨리는 모든 현실을 부로 바꿀 수 있는 전략은 바로 이 관점에서 출발한다. 나는 그것을 마케팅적 사고, **즉 진정성과 사랑으로 사람의 마음을 움직이고 내가 움직이지 않아도 지속적으로 부를 끌어들일 수 있는 사고**와 접목시켜 사람들을 성공시키는 데 일조할 것이다. 그것이 내가 사업을 하는 이유이며 내 사업의 정체성이다.

나는 전 세계 최고라고 일컬어지는 성공자들의 책을 수십 번 읽으며 그들의 DNA를 전수받고, 내가 만난 최고들로부터 귀한 멘토링을 얻어 이 자리까지 왔다. 내 힘으로 된 것은 하나도 없지만 단 하나, 집요하게 다른 이의 성공을 돕겠다는 그 직업적 철학이 앞으로의 성과로 이어진다면 반드시 부자가 되고 성공자가 되는 길로 갈 것을 믿는다.

이 책을 읽는 모든 사람이 시장을 움직이고 부를 거머쥐는 관점을 깨닫게 되길 바란다.

2021년 2월, 박진영[*]

---

[*] 이 원고는 21년에 완성되었고 24년 6월에야 세상의 빛을 보게 되었다.

"돈 버는 사업 따윈 존재하지 않는다.

돈을 버는 것은 그러한 노력의 결과이지 원인이 아니다."

-마스다 무네아키(츠타야 CEO)

Part01.

모든 CEO는
마케터가 되어야 한다

· 인트로 ·

모든 CEO는 마케터가 되어야 한다

나는 성공한 기업가들의 책을 매우 꼼꼼하게 살펴보는 편인데, 그들이 사업에 성공한 과정 자체도 무척 특별하지만 무엇보다 그들이 가진 특성에서 두드러지는 공통점 하나를 발견하게 된다. 바로 '성공한 기업가들 모두 마케터'였다는 사실이다. 여기서 마케터란 마케터를 했던 사람이 기업가가 되었다는 뜻이 아니다. 우리가 이 책을 통해 계속해서 이야기하게 될 '마케팅적 사고'를 갖춘 사람들이었다는 뜻이다.

그중 어떤 사람은 본능적으로 '어떻게 물건을 기획

해서 누구에게 팔 것인가'를 잘 알고 시장을 움직였으며, 또 어떤 사람은 고객을 움직이는 마케팅적 사고를 장착하기 위해 부단히 노력하고 결국 그 사고법을 통해 지속적인 부를 끌어들였다. 결론적으로는 그들 모두 훌륭한 상품개발자에 그치는 것이 아니라 마케팅적 사고를 통해 고객을 끌어들이고 성공을 거뒀다.

2020년 종영된 <이태원 클라쓰>라는 드라마가 있다. 흙수저로 태어나 사업의 성공을 꿈꾸는 박새로이라는 젊은 남주인공(박서준 역)과 어디로 튈지 모르는 매력으로 젊은이들의 특징을 고스란히 보여주는 여주인공 조이서(김다미 역)의 캐릭터 플레이가 돋보이는 드라마였다. 특히 여주인공인 조이서는 극 중에서 소셜미디어를 아주 잘 다루는 것으로 나온다. 주인공 새로이는 성실하게 자신의 가게를 운영하지만 손님이 오지 않는다. 그런데 조이서는 자신이 방문한 식당에 대한 간단한 후기와 사진 한 장만 올려도 며칠 후면 그 식당에 사람들이 줄을 서게 만들었다. 새로이는 자신에게 지금 필요한 것이 무엇인지 깨닫고 조이서와 손을 잡게 되고, 결국 사업을 성공으로 이끈다. 박새로이는 타고난 리더십과 진정성 있는 마인드 그리고 조이서로부터 흡수한 '마케팅 사고법'을 바탕으로 능숙하면서도 공격적으로 사업을 해나갔다.

가끔 컨설팅을 하다 보면 "나는 마케팅은 잘 모르겠다."고 말하는 사람들을 보게 되는데, 그것은 곧 "나는 사업을 잘 못하겠다."는 말처럼 들린다. 고객이 어디에 있는지 알고 그들이 원하는 것을 만들어 안겨주는 마케팅 사고법 없이 열심히 좋은 물건만 만들어서는 사업에 성공할 수 없다. 나는 최고의 위치에 올라 있는 기업의 대표들을 만나고, 또 간접적으로 그들의 성공스토리를 들으면서 그들이 가지고 있는 탁월한 비즈니스 전략을 체화하기 위해 노력했다. 그것이 곧 부를 끌어당기는 비밀이라고 생각했기 때문이다. 그런데 들여다보면 볼수록 한 가지 명확해지는 것이 있었다. **바로 그들이 가진 '마케팅적 사고'란 단순히 '마케팅을 잘하기 위한 사고'가 아니라는 사실이었다.** 즉 '마케팅적 사고'란 상품을 만들어 팔아야 하는 사업이라는 영역뿐 아니라 인생 전반에 걸쳐 영향을 미치는 본질적인 사고법이라는 사실을 깨닫게 된 것이다.

마케팅적 사고의 핵심은 '나'를 넘어선다는 데 있다.

물론 그 첫 번째 단계는 내가 누구인지, 내가 무엇을 잘하는지, 내가 무엇을 좋아하는지, 내가 언제 행복한지 등을 아는 것이다. 그런 다음 '나'를 넘어서는 작업이 필요하다. 즉 비즈니스에서는 '고객'에 해당하는 대상, 인생에 있어서는 '상대방'에 해당하는 대상에게 초점을 맞추는 것이다. 그들이 무엇을 원하고, 그들에게 지금 필요한 것이 무엇인지 깨닫고 그것을 먼저, 알아서, 그들이 원하는 방식대로, 기대 이상의 가치를 부여해 안겨주는 것. 그것이 바로 마케팅적 사고법이다.

너무 당연한 듯 느껴지는가? 하지만 생각해보자. 이 당연한 사실을 알면서도 왜 모든 사람이 성공하지 못하는 걸까. 아마도 이 당연한 사실이 실제 현장에서 어떻게 적용되어야 하는지 잘 모를뿐더러, 알고 있다 하더라도 지식에만 그칠 뿐 그 사고법을 실제 나의 비즈니스에 적용하지 못하는 경우가 허다할 것이다. 나 역시 사업 초기에는 그랬고, 이제 막 사업을 시작해 어려움을 겪고 있는 많은 사업가들을 만나면서 숱하게 보게 되는 현상이다.

나는 이 책을 통해 최고의 CEO들이 가졌던 마케팅적 사고법에 대해 이야기해 볼 것이다. 이 책에 적힌 내용들은 그들에게서 직접 혹은 간접적으로 전수받은 내용들 중 지극히 개인적인 관점으로 중요도를 매겨 정리한 것이다. 어떤 사람은 나와 다른 의견을 가질 수도 있고 또 어떤 사람은 고개를 끄덕일 수도 있다. 그러나 확실한 것은 사람들의 마음을 움직이고 그 대가로 돈을 벌어들이는 데 탁월한 사람들. 즉, 끊임없이 부를 축적해내는 최고의 성공자들 중 이 마케팅 사고법을 가지지 않은 사람은 없었다는 사실이다. 그러므로 이 책을 통해 한 가지는 꼭 건져가길 바란다. **'마케팅적 사고란 무엇인가. 그리고 그 사고법을 통해 어떻게 부를 창출할 수 있는가.'** 하는 것이다.

최고가 되는 방법, 부자가 되는 방법은 어쩌면 매우 간단할지도 모른다. 그들이 했던 방법 그대로 해보는 것. 이것이 그 첫 번째 열쇠가 될 것이다.

• 부자사고법1 •

나는 왜 부자가 되어야 하는가

 소셜미디어가 엄청난 힘을 발휘하는 세상이 되었다. 이제는 어떤 분야에서든 오프라인보다 온라인 마케팅의 중요성이 훨씬 강조된다. 그만큼 사람들이 온라인상으로 많은 거래를 하며, 온라인 정보에 의존한다는 뜻이다.

 나는 어릴 적부터 SNS와 친했다. 한 가지에 관심을 가지면 집요하게 파고드는 성향 때문인지 SNS도 그냥 아는 게 아니라 '잘' 알고 잘 다루기 위해 무척 노력했다. 무언가를 잘하다 보면 기회가 생기기 마련이다. 나역시 꾸준히 SNS를 하다 보니 잘하게 되었고, 주변에 사업을 하는 사람들로부터 이쁨을 받기 시작했다. **사업을 하면 안 하던 SNS를 할 수밖에 없다. 고객의 마음을 사로잡으려면 SNS를 활용한 마케팅 전략은 필수이기 때문이다.** 그렇게 대학 시절부터 사업을 하는 분들에게 도움을 주기 시작했고, 강의도 하고 대외활동도 하고 인턴 경험도 했는데 소셜미디어 덕분에 큰 혜택을 보았다.

많은 금액은 아니었지만 힘든 형편에 4년 동안 장학금을 받으며 학교에 다닌 데다 강의와 기타 소득을 꼼꼼하게 모은 덕에 수중에 약 천만 원이 있었고 해외로 나가 좀 더 넓게 꿈을 펼쳐보고 싶다는 생각을 하게 되었다. 당시 대학원에 다니던 친구에게 사업 아이템을 설명하며 도와주지 않겠냐고 말하자 친구는 자신의 비행기 티켓 값이 마련되면 함께 가겠다고 했다. 그렇게 친구가 돈을 버는 일을 돕다가 우연히 상품을 개발하게 되었고, 우리는 그것으로 예정에 없던 사업을 시작하게 되었다.

이제는 소셜미디어만 잘 다루어도 기회를 잡을 수 있는 세상

시작한 지 한 달도 채 안 되어 사업은 대박의 조짐을 보이기 시작했다. 우리의 사업 아이템에 관심을 가지는 사람들이 점점 많아지면서 바빠졌다. 요즘 핫하다는 '구독경제(일정액을 내면 사용자가 원하는 상품이나 서비스를 공급자가 주기적으로 제공하는 신개념 유통 서비스)' 마케팅을 이용해 수익이 나는 구조를 만들었다. '내 꿈은 부자가 되는 것인데, 드디어 기회가 온 걸까?' 마음이 들떴다.

하지만 들뜬 마음도 얼마 가지 못했다. 사업을 시작

한 후 소위 '부자'라고 불리는 성공한 사람들을 매일 만나게 됐다. 그런데 미팅이 끝나고 나면 항상 두 가지 감정이 드는 것이다. 곧 **부자가 되겠다는 설렘과 동시에 성공한 사람들의 삶이 생각보다 부럽지 않다는 것. 두 가지였다.**

우선, 내가 만나는 사람 중 가정적인 사람이 별로 없었다. 물론 실질적인 가정사를 모두 알 수는 없지만, 적어도 내가 추측건대 그랬다. 밤늦게까지 술을 마시고 새벽에 들어가는 일이 일주일만 해도 서너 번 이상으로 잦았고, 하루 종일 회의실에서 담배를 피우며 회의와 고민에 찌들어 있는 모습이 대부분이었다. 저렇게 부자가 되는 것이 내가 그렇게 꿈에 그리던 모습인가? 그러면서 오래전 할머니가 했던 말씀이 떠오르곤 했다.

"진영아, 돈이든 무엇이든 네 앞에 유혹이 왔을 때… 절대 소중한 걸 잃지 말아야 한다."

물론 훌륭하게 기업을 일구고 삶의 신조를 지켜가는 많은 분들이 있다는 걸 알고 있다. 하지만 그때 나는 어렸고, 내 눈에 보이는 '부자'의 모습은 내가 상상한 모습이 아니었기에 통장에 돈이 채워질수록 갈등은 깊어져만 갔다.

우리는 왜 부자가 되어야 하는 걸까

그러잖아도 심란한 마음에 힘들어하고 있을 때 함께 일하던 친구와의 갈등마저 커져서 나는 그 사업을 그만두어야겠다고 결심했다. 늘 사업가를 꿈꾸었고 부자가 되길 바랐지만 내가 원하는 꿈과 현실은 너무나 달랐다. 더는 부자가 될 이유를 찾을 수 없었다. 그 이유를 찾지 못한다면 부자가 된다 해도 행복하지 않을 게 분명했다.

당시 정부지원사업을 통해 잠시 호텔에서 머물게 됐는데 이틀 동안 호텔 문밖에는 나가지도 않은 채 방에 누워 있었다. 심지어 불 한 번 켜지도 않았다. 처음으로 죽고 싶다는 생각이 들었다.

'꿈이 사라진다는 건 이렇게 무서운 거구나.'

그리고 바닥까지 내려온 나는 오직 한 가지 질문만이 머릿속에서 맴돌았다. '**왜 살아야 할까? 내가 살아야 할 이유가 뭘까?**' 이것을 해결하지 않으면 더 이상 살아 숨 쉬는 게 의미가 없다는 생각이 들었다.

나는 침대에서 벌떡 일어나 종이에 무엇이든 쓰기 시작했다. '왜?'에 대한 이유들이었지만 답이 쉽게 나오지 않아 인터넷 검색을 하다 우연히 '비전'과 '사명'이라는 단어를 접하게 되었다. 이것을 해결하는 것이 당시 나에게 주어진 삶의 가장 큰 과제였다. 나는 찬찬히 내 마음 깊은 곳을 들여다보면서 지우고 쓰기를 반복한 후 이렇게 완성했다.

[나의 사명]

SNS와 마케팅으로 어려움을 겪는 분들에게
나의 재능을 적극적으로 나누어주자!

이것을 시작으로 나는 3개월 동안 비전과 사명을 정

립하기 위해 관련된 교육까지 받으며 엄청난 노력을 했다. 그리고 그 과정에서 확고한 비전과 사명을 갖고 가정과 기업을 균형 있게 잘 운영해가고 있는 사업가들, 부자들이 많다는 것도 알게 되었다. 그리고 그들이 공통적으로 하는 말, '나'만을 위해 무언가를 하는 것이 아니라 타인을 잘되게 만들기 위해 하는 일이 가장 보람되며 그것이 곧 모두의 행복으로 이어진다는 것을 나 역시 믿게 되었다. 나 혼자만 부자가 되는 것이 아니라 남이 어려운 부분을 **내가 가진 것으로 도울 수 있다면 얼마나 좋을까.** 난 그런 사업가가 되고 싶었다.

사명을 확고하게 세우고 나니 가슴이 벅차올랐다. 남을 도울 방법이 뭘까, 생각해보니 내가 가장 잘하는 게 있었다. 바로 소셜미디어를 다루는 일이었다. **나에겐 쉬운 일이지만 다른 스타트업 대표들이 힘들어하는 것, 그게 바로 SNS다.** 나는 그때부터 스타트업 기업을 돕기 시작했다. 당시 서울에 올라와 방 한 칸 구할 돈도 없어 물도 제대로 나오지 않는 반지하에서 생활해야 했지만, 나를 필요로 하는 곳이 있다는 사실에 뛸 듯이 기뻤다. 하루에 다섯 팀 이상 미팅을 했지만 대부분

스타트업이다 보니 돈을 제대로 받지 못할 때가 많았다. 때때로 지방에 내려가야 할 때면 오히려 적자가 나기도 했다. 하지만 지금도 당당하게 말할 수 있는 건, 그때가 가장 행복했다는 사실이다. 나는 다른 사람을 돕는 데 미쳐 있었다.

그러다 우연히 한 비즈니스 멘토를 만나게 되었고, 그로부터 "CEO를 교육해주는 게 어떻겠냐."는 조언을 받게 되었다. 그때부터 타깃을 바꾸어 **나는 중소기업의 CEO와 기업 회장님들의 SNS 코치가 되었고, 지속적으로 성과를 내며 지금까지 오고 있다.** 그들 모두 선한 기업을 운영하며 자신의 비전과 사명을 지켜나가기 위해 노력한다. 나는 그들을 보며 배운다.

요즘 코로나로 인해 오프라인 중심의 사업가들이 고전하고 있다. 지금이 그 어느 때보다도 나의 도움이 절실히 필요할 때라고 느껴, 우리 회사는 대한민국 CEO들의 마케팅 문맹 탈출을 위한 프로젝트를 활발하게 운영하며 한국의 자영업자들을 살리는 일을 하고 있다. 쉬운 길은 아니지만 이러한 나의 작은 영향력이 다른 기업들에게 도움이 되고, 그것이 곧 국가경쟁력이 될 것을 믿는다.

왜 사업을 하는가?

아마 한 번쯤 이 질문을 들어본 적이 있을 것이다. 내가 사업을 시작한 것은 '부자가 되기 위해서'였고 그 이유는 지금도 변함이 없다. 단, 그 과정은 다르다. 내가 하는 사업은 반드시 선한 영향력을 끼치는 일이어야 한다. 그래야 내가 더욱 신명 나게 일할 수 있기 때문이다. 맨 처음 사업에 발을 내디뎠을 때 모든 걸 내려놓고, 힘겨웠지만 잠시 멈춰 서서 삶의 이유를 생각한 그 시간을 잊을 수 없다. **이 책을 읽고 있는 우리는 모두 부를 이루고 싶고 성공하고 싶고 행복을 이루고 싶다. 그러나 한 가지, 우리는 왜 부자가 되어야 하고 성공해야 할까?** 반드시 그 답을 먼저 찾기를 바란다. 여기에 대한 정의를 내린 후에야 우린 비로소 성공을 향한 긴 여정을, 설레는 마음으로 달릴 수 있을 것이다.

마케팅 사고법 _나에게 질문하기

우리는 무엇을 위해(왜) 살고 있는가?

내게 주어진 비전과 사명(使命)은 무엇인가?

우리는 왜 부자가 되어야 하고 성공해야 할까?

왜 사업을 하는가?

· 부자사고법2 ·

사업을 해야 하는 사람 vs. 사업을 할 수 있는 사람

미국을 기준으로 매년 백만 명 이상이 창업을 한다고 한다. 통계에 따르면 그중 40%가 사업을 시작한 첫 해에 폐업을 한다. 또 5년 안에는 80% 이상이라고 하니, 80만 개 이상의 사업체가 문을 닫는다는 뜻이다. 운 좋게 5년 정도를 버텼다 하더라도 5년 안에 문을 닫는 기업이 80% 이상이라는 소리니 얼마나 많은 기업이 생겼다 사라지는지 알 수 있다. 우리나라도 다르지 않다. 하루에만도 수백 개의 온라인몰이 문을 열고 또 문을 닫는다. 포스트 코로나로 인해 실직했거나 거대 실직을 앞두고 있는 **지금 1인 기업으로 대표되는 '창업'은 생존을 위한 새로운 길이 되었다.**

그렇다면 한번 질문해보자.
우리는 '사업을 해야 하는 사람인가,
할 수 있는 사람인가?'

전자는 사업을 해야만 하는, 사업을 통해 성공을 이룰 수 있는 사람이고 후자는 자의에 의해 할 수는 있지만 그 결과를 장담할 수 없는 사람을 뜻한다. 사실 이 두 사람은 언뜻 말만 보면 비슷해 보이지만 실은 매우 다르다. 특히 그 시작은 비슷할지 모르나 시간이 지날수록 엄청난 차이를 보일 것이고, 후일 완전히 다른 결과를 낼 것이다. 나는 처음 이 질문에 대해 고민했을 때 이렇게 결론을 내렸다.

사업을 해야 하는 사람은 'Why'로부터 시작하고,
사업을 할 수 있는 사람은 'What'으로부터 시작한다.

가끔 후배들이 사업을 한번 해보고 싶다며 찾아올 때 '어떠어떠한 사업을 하고 싶다.'는 말을 먼저 꺼낼 때가 많다. 이유는 '그 아이템이 돈이 될 것 같아서'다. 물론 그 말이 틀린 것은 아니다. 우리는 돈을 벌기 위해서 사업을 하는 건 맞으니까 말이다. 하지만 사업을 할 때 'What'으로부터 시작하면 우리의 시야는 돈을 벌기 위한 수단(어떻게든 돈만 벌면 된다는) 속에 갇혀 버린다. 그러면 그 시기에 '반짝'하는 아이템을 발굴할지는 모르지만 사업을 하며 걸어가는 모든 과정에서 흔들리고 지치고 힘들 것이다. 비슷한 아이템으로 바짝 뒤쫓아오는 수많은 사람들이 있고, 더 좋은 아이디어와 기술로 내 사업을 위협하는 상황이 계속해서 벌어질 것이기 때문이다. 나도 그랬다.

사업을 처음 시작했던 열여덟 무렵 돈을 많이 벌고 싶었고, 돈이 필요했고, 자본 없이 할 수 있는 일을 찾아야 했다. 남의 밑에서 돈을 버는 건 한계가 있으니 사업밖엔 답이 없었고 당시 온라인 의류 쇼핑몰이 유행이었고 나름 관심도 많았기 때문에 덜컥 사업을 시작했다. 처음엔 잘 되는 것 같았지만 금방 실패하고 말았다. 훨씬 자본력 있고 크고 멋진 쇼핑몰들이 생겨났고 금세 뒤처졌기 때문이다. 그리고 다시 SNS에 뛰어들었다. 강의도 하고 컨설팅도 하면서 수익도 꽤 벌어들였고 도움을 받은 사람들마다 "너 SNS 정말 잘하는구나." 하며 입을 모아 칭찬을 해주었다. 그런데 어느 날 문득 생각이 들었다. '근데 나 이거 왜 하고 있지? 이거, 계속해야 하나? 왜 재미가 없지?'

사업을 해야만 하는 사람이 되자

어릴 적 내게 사업을 꿈꾸게 해준 《시크릿》

나는 독서를 좋아한다. 독서는 간접적으로 훌륭한 사람들의 코칭을 받을 수 있기 때문이다. 내가 잘하는 걸 하고 있고 돈을 벌 수 있다는 생각이 드는데도 점점 지쳐갈 때쯤, 나는 책을 통해 '나는 사업을 해야 하는 사람인가? 아니면 돈을 벌어야 하니 그냥 사업을 선택한 사람인가?'에 대한 답을 깨달을 수 있었다. 나보다 훨씬 먼저 큰 성공을 거둔 많은 사람들의 이야기를 읽으면서 그들 모두 '왜 사업을 하는가?'에 대한 Why로부터 시작했다는 것을 알게 된 것이다.

그들은 모두 사업을 시작할 때 아이템으로부터 시작한 것이 아니라 자기 자신으로부터 시작했다. 사업을 해야만 하는 사람은 누가 가르쳐주지 않아도, 트렌드를 따르지 않아도 아주 작은 사건 하나를 통해서도 얼마든지 성공 아이템을 발견할 수 있다. 그들은 아이템에 목매지 않고 자신이 가장 하고 싶은 일, 자신이 돈을 벌어서 이루고 싶은 것, 그 일을 해야만 하는 이유를 가지고 시작했다. 그래서 시간이 흐를수록 더 열정을 불태울 수 있었고, 누구도 상상할 수 없는 아이디어로 세상을 놀라게 만들 수 있었다. 그 열정이 부를 끌어들였음은 물론이다.

즉, 중요한 것은 사업을 해나갈 사람, 바로 '나 자신'이다. 돈도 아이템도 아닌 '나'. 우리는 여기서부터 출발해야 한다. 나는 수업을 할 때마다 많은 대표님에게 "왜 사업을 하세요?"라고 물어본다. 이미 확고하게 세워둔 대답을 시원스레 하는 사람도 있고, 그제야 답을 떠올리는 사람도 많이 보게 된다. 그러면 나는 반드시 그 답을 먼저 찾도록 함께 노력한다. 마케터는 물건을 잘 팔도록 전략을 세워 성과를 내는 것이 핵심 역할이지만, 궁극적으로 그 회사가 오래도록 살아남아 성공의 대열에 오르도록 하는 것이 더 중요한 역할이라고 생각하기 때문이다.

물론, 이 질문에 대한 대답을 하루아침에 찾기는 힘들다. 그러나 분명한 것은 이 질문에 대한 답이 우리를 성공의 길로 안내하리란 사실이다. 다음 문구는 사업을 하는 '나 자신'에 대한 정의를 써본 것이다.

나의 지식과 경험으로 다른 사람의 성장을 돕는다.

그것을 통해 성장하고 성공하고 부자가 되는 사람.

그것이 바로 '나'이다.

사업을 해야만 하는 'Why'에 대한 이유를 찾았을 때

비로소 우리는 앞을 향해 미친 듯이 돌진할 수 있을 것이다. 그래야만 우리는 어떤 어려움이 와도 흔들리지 않으며, 지금의 열정이 고갈되지도 않을 것이다.

> **마케팅 사고법 _나에게 질문하기**
>
> 이 사업을 하려는 나는 누구인가?
> 나는 이 사업을 왜 하는가?
> 나는 사업을 해야 하는 사람인가, 할 수 있는 사람인가?

• 부자사고법3 •

내 사업의 정체성을 찾기 위한 좋은 질문들

"잘못된 경영 판단을 내리는 가장 흔한 이유는, 올바른 질문이 무엇인지 생각도 하지 않으면서 올바른 답부터 구하려고 서두르기 때문이다."

피터 드러커

우리가 어떤 문제에 대해 틀린 답을 찾게 되는 경우는 두 가지다. 하나는 답을 정말 모르기 때문에. 또 하나는 문제가 틀렸기 때문이다. 피터 드러커의 말처럼 틀린 질문에 대한 오답을 정답이라고 믿기 때문에 우리는 수많은 실수와 실패를 저지른다.

나는 수업을 할 때마다 핵심적인 질문을 던진다. 당장 정답을 얻기 위함이 아니다. 질문에 대한 답을 찾아가는 과정에서 놓치고 있던 부분, 더 보완해야 할 부분, 틀린 부분 등을 비로소 짚어낼 수 있기 때문이다. 그동안 한 번도 생각해보지 못한 부분에 대한 아이디어를 새롭게 떠올리는 경우도 많이 보았다. 그리고 어느 순간 "아! 이거였어!" 하고 깨닫게 되는 순간을 '인사이트를 얻었다'고 표현한다.

내가 아는 최고의 구루(Guru, 정신적 지도자로서 최고의 존경을 받는, 자아를 터득한 사람)들은 대부분 '왜?'라는 질문을 달고 살았다. **'왜?'라는 질문에 대한 강력한 답을 가진 사람은 어떤 고난과 역경 앞에서도 반드시 방법을 찾고 위대한 일들을 실현해나간다.** 나는 왜 이 사업을 하는가? 나는 왜 하필 이 상품을 만드는 것인가?…. '왜'를 포함해 좋은 질문은 우리에게 좋은 길을 안내하는 길잡이가 된다. 좋은 질문, 핵심적인 질문을 하는 기술을 늘려간다면 우리는 좀 더 나은 답에 가까워질 수 있다. 즉 성공의 방법, 이기는 방법에 가까워질 수 있다.

나는 좋은 질문을 던지는 사람이다

언젠가 한 인터뷰에서 기자가 나에게 물었다.

"어떻게 이 일을 하게 되었나요?

마케터는 무슨 일을 하는 사람이라고 생각하시나요?"

SNS를 잘 다룬다는 사실을 알게 되면서 이 일을 시작했지만, 사업까지 오게 된 것은 내가 다른 사람의 성공을 돕는 것을 삶의 행복으로 느끼면서부터다. 상대방의(회사와 사람의) 잠재력을 끌어내어 지속 가능한 가치를 발현하게 하는 것. 이 일에 희열을 느끼기에 이 직업을 선택하게 되었다. 그리고 이것은 바로 내 사업의 가치이자 비전이다. 이 일을 하는 <u>**나는 '좋은 질문을 던지는 사람'이다.**</u> 그것이 마케터라고 생각한다. 매출은 물론 경영 전반에 대해 인사이트를 발견하게 하는 질문을 던질 수 있다면, 그가 곧 훌륭한 마케터라고 생각한다.

앞에서도 계속 이야기했지만 마케팅에는 정답이 없다. 불변하는 법칙은 물론 존재한다. 그것은 인간의 본질이다. **마케팅에서 가장 중요한 '인간'에 대한 이해는 모든 마케팅을 여는 첫 번째 열쇠가 되어야 한다.** 그다음부터는 급변하는 세상의 변화에 민감하게 대응하면서 깊은 질문들과 직면해나가야 한다. 아직 그러한 질문과 마주하지 않았다면, 우리는 사업을 시작하지 않은 것이나 다름없다.

우리는 이름만 들으면 아는 유명 브랜드들의 성공을 부러워한다. 지금 이 순간에도 쑥쑥 성장하고 있는 그 기업들은 "왜 사업을 하는가?" "우리의 고객은 누구인가?" 그들은 어디에 있고 그들에게 어떤 가치를 제공할 것인가?" 에 대한 답을 찾기 위해 끊임없이 노력했기에 그런 큰 성공을 거둘 수 있었다. 이 과정이 곧 마케팅이라고 해도 과언이 아니다.

나는 이 책을 통해 그 방법을 찾아 나갈 것이다. 수많은 성공자들과 마케팅 고수들이 했던 좋은 전략들을 소개하고 내가 경험했던 크고 작은 사례들을 바탕으로 충분한 설명을 덧붙여줄 것이다. 더불어 가장 중요한, **성공에 필요한 핵심적인 질문들을 해나갈 것이다.** 그 질문들과 진지하게 직면해보는 것은 독자들의 몫이겠지만, 만약 그 귀한 시간들을 오롯이 내 것으로 만들 수 있다면 반드시 성공에 필요한 인사이트를 얻을 것이라 확신한다.

좋은 질문은 우리를 좋은 길로 안내할 것이다. 우리가 찾아가는 답들은 계속해서 진화해나갈 것이다. 그 속도는 우리가 성장하는 속도와 비례할 것이다.

마케팅 사고법 _나에게 질문하기

나는 왜 하필 이 상품을 만드는 것인가?

내가 이 사업을 통해 반드시 이루고 싶은 것은 무엇인가?

그러기 위해 이제 우리는 무엇을 어떻게 해야 할까?

• 부자사고법4 •

내 사업은 내가 누구인지를 비추는 거울이다

"당신의 사업이란 결국 당신이 누구인가를 분명하게 비춰 주는 거울에 지나지 않는다. … (중략) … 당신의 사업을 올바른 방향에서, 정확한 이해와 필요한 도구를 가지고 시작한 사람이라면 누구든지 활용할 수 있는 마법에 가까운 기회를 알게 될 것이다."

마이클 거버*

---

* 마이클 거버의 《사업의 철학》에는 약 7만 명의 기업가들을 도와 그들의 사업과 인생을 성공적으로 바꾸어준 일화를 담고 있다.

나는 이 말이 얼마나 사실적인지 현장에서 경험하게 된다. 어떠한 비전과 사명을 가지고 사업을 시작했는가? 여기에 대한 답을 가진 경영자는 회사가 크든 작든 반드시 기회를 잡고 그 기회를 성공으로 가져간다. 그러나 여기에 대한 명확한 답, 올바른 방향성 없이 '돈을 많이 벌 거야.' '다른 게 할 게 없잖아.' 하는 생각으로 시작한 경우 실패로 이어지는 모습을 많이 보게 된다. 사업을 경영하는 기업가의 마인드가 기업의 마인드에 고스란히 담기기 때문이다.

특히 **요즘은 많은 사람들이 'CEO가 곧 기업'이라는 생각을 자연스럽게 한다.** 1인 기업도 많을뿐더러 큰 기업이든 작은 기업이든 기업의 이미지 자체가 경영자의 마인드와 직결되기 때문이다. 소셜미디어를 통해 대부분의 정보가 노출되기 때문에 경영자의 마인드뿐 아니라 그 사람 자체를 숨길 수 없는 시대가 되었다. 그래서 '회사는 CEO의 마인드가 녹아 있다'고 말하기도 한다.

내가 좋아하는 마스다 무네아키라는 기업가가 있다. 국내에서는 《지적 자본론》과 《취향을 설계하는 곳 츠타야》의 저자로 잘 알려져 있는데, 일본에서 츠타야(TSUTAYA)라는 서점을 운영하고 있다. 몇 년 전 우리나라에 이 츠타야 열풍이 분 적이 있다. 많은 CEO들이 그 서점을 방문하느라 줄을 이었고 나도 아내와 함께 그곳을 방문해 정말 좋은 시간을 보냈다.

집으로 돌아오면서 '대체 츠타야는 어떻게 해서 이렇게 유명해진 걸까?' 생각을 해보게 됐다. 이유는 바로 대표가 직접 쓴 '책' 때문이었다. 책 속에는 마스다 무네아키의 기업 철학과 사업에 대한 마인드가 고스란히 담겨 있는데, 사람들이 그 책을 본 후 "아, 이런 마인드로 만든 서점이 있다고?" 하며 열광하게 된 것이다. 츠타야처럼 기능적인 서점들은 찾아보면 많이 있다. 하지만 츠타야 대표의 마인드가 전 세계적으로 공유가 되었고, 그가 얼마나 멋진 생각을 가진 사람인지 알려지자 자연스럽게 그 기업과 기업이 제공하는 모든 상품과 서비스에 대해 긍정적인 생각을 가지게 되었다. 그것이 바로 애플, 다이슨, 테슬라 같은 기업이 달라 보이는 이유다. 그 기업을 운영하는 대표가 멋있고, 그들의 철학과 마인드, 그에 따른 그들의 행보가 감동

적이기 때문이다.

기업의 성장에 있어 '퍼스널 브랜딩'은 필수다
그러나 퍼스널 브랜딩에 있어 '마인드 점검'은 더욱 필수다

나는 기업 컨설팅을 할 때 대부분의 대표님들에게 퍼스널 브랜딩을 제안한다. 조금이라도 꺼림칙함을 가지고 있거나 과거 잘못된 방식으로 사업을 운영해왔던 사람들은 결코 본인을 드러낼 수 없고 소셜미디어를 할 수도 없는 시대가 되었다. 대신 실수나 실패를 인정할 만큼 책임감 있고, 또 살아온 삶이 당당하다면 못 드러낼 이유는 없다. 사업을 하는 확고한 철학과 마인드가 세워져 있다면 비즈니스에 무조건 이득이다.

소셜미디어를 하다 보면 오프라인 매장의 경우 카페가 얼마나 예쁜지, 커피나 음식이 얼마나 맛있는지를 말해주는 곳보다 대표가 어떤 생각으로 이 카페를 운영하고 있는지, 어떤 마음으로 이 상품들을 만들었는지를 보여주는 곳이 더 인기가 많은 걸 보게 된다. 상품을 파는 기업도 마찬가지다. 그 상품 자체의 퀄리티를 홍보하는 것보다 **대표자가 어떤 마인드를 갖고 이 사업을 운영하고 있는지를 보여주는 게 훨씬 빠른 효과를 보일 때가 있다.** 작은 기업이지만 환경을 생각하며 캠페인 식으로 양말과 기타 굿즈를 만들고, 수익의 일부를 실제 환경 단체에 기부하는 사이트를 본 적이 있다. 그런 곳은 시간이 흐르면서 꾸준히 마니아층을 형성하는 것을 보게 된다. 또 백종원 대표가 운영하는 음식점은 우리도 모르게 믿고 가게 된다. TV에 그렇게 자주 나오는데 음식으로 장난치지 않을 거라는 믿음. 또 자주 나와서 자신이 어떤 마인드로 식당을 하고 음식을 만드는지에 대해 보여준다. 그 마인드가 마음에 들고 매력적이라고 느끼는 사람들은 그의 회사에 대한 신뢰를 자연스럽게 가지게 된다. 그것은 곧 매출과 성공으로 이어진다.

당신의 사업은 '당신이 누구인가'를 비추는 거울이다

따라서 우리가 사업을 시작했다면, 나의 회사는 곧

나를 비추는 거울이라는 사실을 명심하고 어떤 마인드를 갖고 이 사업에 임할 것인지 정하자. 혹 창업을 준비하고 있다면 '나 자신'에 대해 점검해보는 시간을 반드시 가지자.

"절대로 단지 돈을 벌기 위해서 사업을 시작하지 마라. 돈이든 꿈이든 '진정 하고 싶은 것'이든 자신의 이기적인 욕구의 관점에서 사업을 바라보는 것을 당장 그만두어라."

엠제이 드마코가 쓴 《부의 추월차선》 중에서*

내 사업이 내가 누구인지를 비추는 거울이라면 우리는 어떤 마인드를 가져야 할까. 사람들에게 감동을 줄 만한 멋진 마인드를 가지고 있다면, 우리가 제공하는 상품과 서비스가 사람들의 마음을 움직이는 것은 시간 문제다. 그러니 우리의 마인드를 먼저 점검하는 것이 성공의 확실한 출발점이 될 것이다.

---

*   차량 예약 서비스를 제공하는 'Limos.com'의 설립자이며 30대에 자수성가한 백만장자 사업가

아마도 다음 질문들을 스스로에게 던져본다면 조금 도움이 될 것이다. 이 질문들은 오랫동안 내가 수많은 책들을 읽으며 성공자들이 공통적으로 자신에게 던진 질문들을 모은 것이다.

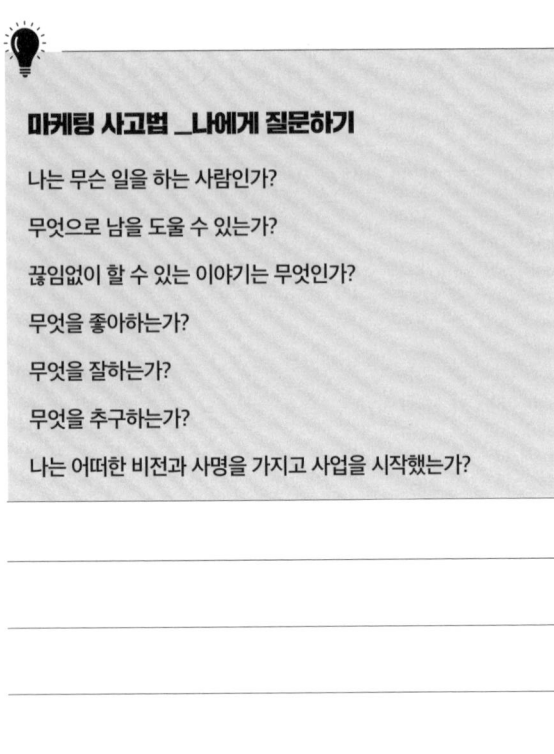

마케팅 사고법 _나에게 질문하기

나는 무슨 일을 하는 사람인가?

무엇으로 남을 도울 수 있는가?

끊임없이 할 수 있는 이야기는 무엇인가?

무엇을 좋아하는가?

무엇을 잘하는가?

무엇을 추구하는가?

나는 어떠한 비전과 사명을 가지고 사업을 시작했는가?

_____

_____

_____

_____

_____

· 부자사고법5 ·

확고한 철학이 확고한 상품을 만들어낸다

"성공은 99%의 실패로 이루어진다."

제임스 다이슨

혁신의 대명사로 불리는 '제임스 다이슨'의 브랜드 철학은 '일상생활 속 문제해결을 위한 기술개발'이다. 아마 한국에서도 많은 가정에서 다이슨 제품을 하나씩은 가지고 있을 것이다. 그가 개발한 청소기는 '비틀즈 이후 가장 큰 성공을 거둔 제품'이라는 찬사를 받기도 했다. 런던 과학 박물관, 빅토리아 앨버트 박물관, 로테

르담 보이만스반뵈닝겐 박물관, 샌프란시스코의 현대미술관, 취리히의 디자인 박물관, 파리의 퐁피두센터, 리스본 디자인 박물관, 메트로폴리탄 예술 박물관에 전시될 정도라고 하고, 영국 가정의 세 집 가운데 한 집이 다이슨을 갖고 있다고 한다.*

특히 다이슨 제품은 성능도 성능이지만 디자인이 세련되고 고급스럽기도 유명한데, 다이슨에게 디자인은 제품 그 자체로서의 공학이다. 제임스 다이슨은 "속에서부터 빛나는 제품을 만드는 것이 나의 브랜드 철학을 제품에 적용하는 방법이다."라고 말한다.

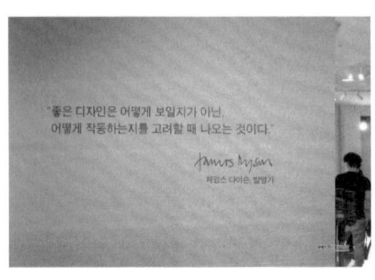 

다이슨의 기업 철학

"나는 단지 제대로 작동해야 한다고 생각할 뿐이다."

---

* 제임스 다이슨, 《계속해서 실패하라》

기업에 철학을 세우는 것이 중요한 이유에는 여러 가지가 있다. **사업을 할 때 내가 무엇을 하며, 왜 하는지가 '비전'이라면, 철학이란 그 비전을 이루기 위한 방법이다.** 즉 '어떻게 이 비전을 실행할 것인가'가 바로 철학이다. 이러한 철학은 우리가 만들고자 하는 상품에 가치를 불어 넣는다. 그리고 어떤 상품을 어떻게 만들어 어떻게 팔 것인가 하는 모든 과정에 영향을 미친다. 철학이 없으면 우리가 만드는 상품은 세상에 나와 있는 다른 상품과 다르지 않다. 독창성은 떨어지고 우리 상품만이 가진 가치, 차별성을 확보하지 못한다.

내가 아는 한 대기업 A 회장님의 사업 철학은 '행복한 사업가'이다. '행복하다'는 말은 매우 일반적이고 단순한 말이지만 사실 이 속에는 많은 의미가 담겨 있다. 이 철학은 기업을 경영하는 대표를 비롯하여 모든 직원들이 상품을 개발하고 새로운 기획을 할 때마다 '나도 행복하고 남도 행복하려면 어떻게 해야 할까?'를 생각하게 만든다. A 회장님은 돈을 많이 벌지 못할 때조차도 재능기부를 했고, 지금 역시 적극적으로 나눔을 실천하는 기업을 경영하고 있다. 매 순간 '나는 행복한 사업가다'라는 가치를 두고 '나는 어떨 때 가장 행복한가?'를 생각하면서 말이다. 크고 작은 성취를 통해 행복을 느끼는 사람, 그 성취가 곧 타인을 이롭게 함으로써 그 모습을 보며 행복을 느끼는 사람, 내가 가진 것을 나눔으로써 더 큰 행복을 느끼는 사람. 그것이 '행복한 사업가'의 모습이기에 지치지 않고 그 길을 걸어갈 수 있는 것이다.

기업의 철학은 그것이 아무리 단순하고 작은 것이라 하더라도 기업의 비전을 이루어가는 모든 과정에 영향을 미친다. 우리는 돈을 벌기 위해 사업을 하고 있지만, 돈 자체가 사업의 이유는 아니다. 돈은 다른 방식으로 벌 수 있으니 말이다. 사업가는 무언가를 파는 사람이다. '무언가'에 대한 대가로 돈을 받아 기업을 존속시킨다.

그렇다면 우리는 무엇을 팔 것인가?
우리가 파는 것이 사람들에게 어떠한 가치를 지닐까?

확고한 철학은 확고한 가치를 지닌 상품을 만들어낸다. **우리는 상품을 기획할 때 우리가 세운 확고한 철학이 제품 속에 담기도록 해야 한다.** 그것이 트렌드에 맞는지, 얼마나 핫한지, 타깃이 얼마나 될지 등을 짚어보는 일보다 우리가 세운 철학이 제품 속에 잘 담겨 있는지가 더욱 중요하다. 아니, 그보다 우리 회사의 확고한 철학이 무엇인지를 살펴보는 것이 더 중요하다.

"Think different"

스티브잡스가 자신의 사업에 담은 철학이자 삶의 철학이었다

스티브 잡스는 **"아무런 말이 필요 없는 제품이 위대한 제품이다."** 라고 말하며 자신이 가진 심미안(審美眼)을 제품에 구현했다. 우리는 그를 '엔지니어이자 아티스트'라고 부르며 그가 남긴 모든 제품이 여전히 우리를 놀라게 하는 과정을 밟아가고 있다. 단순히 핸드폰을 만드는 사람이었다면, 핸드폰을 만들어 돈을 벌기 위해 사업을 시작한 사람이었다면 세상을 뒤바꾸고 삶의 스타일을 완전히 뒤집을 상품을 만들어내지 못했을 것이다.

사람들은 같은 돈을 내고 좀 더 가치 있는 상품과 서비스를 제공 받기를 원한다. 마케팅은 흔들리지 않는 기업의 비전과 철학, 그 바탕 위에 만들어져 가치가 부여된 상품으로부터 시작된다. '사람들이 왜 우리의 상품을 구입해야 하는가?'에 대한 답이 나와 있다면, 마케터는 반드시 그 상품을 팔 방법을 찾아낼 수 있다.

마케팅 사고법 _나에게 질문하기

어떻게 나의 비전을 실행할 것인가?
우리는 무엇을 팔 것인가?
사람들이 왜 우리의 상품을 구입해야 하는가?
우리가 파는 것이 사람들에게 어떠한 가치를 지닐까?
우리 상품에 철학이 담겨 있는가?

"목표와 성공법에 대해 더 많이 생각할수록

더 빨리 목표를 이룰 수 있다."

-브라이언 트레이시

Part02.

비즈니스는
성과로 말한다

―――― • 비즈니스 사고법1 • ――――

성과가 나는 마케팅이란 무엇인가

"마케팅은 제품이 아니라 인식의 싸움이다.
마케팅은 그런 인식을 다루어가는 과정이다."

알 리스, 잭 트라우트 《마케팅 불변의 법칙》 중에서

마케팅을 설명하는 많은 말들이 있지만 나는 간단히 이렇게 이야기해보겠다.

Market + ing

Market은 시장, ing는 움직인다는 뜻이다. 즉 마케팅이란 '시장을 움직이는 것'이다. 내가 하는 이야기 역시 정답일 수는 없다. 수많은 마케팅 대가들이 이야기했듯 마케팅에는 정답이란 없기 때문이다. 우리가 현재 '알고 있는' 많은 방법들은 어느 순간 무너져버릴지도 모른다. 어제까지만 해도 효율적이던 전략이 오늘은 아무 소용 없는 것이 되고, 어제는 도저히 먹히지 않았던 것들이 오늘은 매우 중요한 전략이 되기도 한다.

그렇다면 이렇게 시시각각 변화하는 시장에도 불구하고 **항상 승률 높은 마케팅 전략을 펼치는 사람들의 비법은 무엇일까?** 그들은 매 순간 트렌드를 정확하게 읽고 그에 맞는 전략을 그때그때 적용하는 것일까?

이 질문에 대한 답부터 이야기하자면 "결코 그렇지 않다."이다. 물론 마케터에게 변화를 읽는 것은 매우 중요한 '마케터의 일' 중 하나다. 변화를 제대로 읽어내지 못하거나 변화에 민감하게 대응하지 못하는 마케터는 당연히 시장에서 뒤처질 수밖에 없다. 앞에서 말했듯 **'시장을 움직여야 하는' 것이 마케터의 본분**이기 때문이다. 마케터는 다른 사람들보다 조금 더 앞서 변화를 예측하고 미리 전략을 짜야 한다. 같은 아이디어를 다른 눈으로 바라보고, 변화보다 더 빠른 변화를 추구해야 한다. 변화를 좇아간다면, 그건 이미 뒤처진 것이나 다름없다.

맞다. 이 모든 말은 사실이지만 중요한 것은 변화에 대응하는 것만이 마케터가 해야 할 일이 아니라는 사실이다. 이런 말이 있다. "Plus ca change, plus c'est la meme chose." 해석하면 "더 많은 것이 변할수록 더 많은 것이 그대로 남아 있다."는 뜻이다. 할리우드 최고의 스토리텔러 로버트 맥기는 이야기의 소재는 계속해서 변해오고 있지만 전 세계를 뒤흔든 역작들에는 늘 같은 패턴의 이야기 구조가 존재한다고 말한 바 있다. 세상이 아무리 변하고 세월이 흘러도, 사람들이 열광하는 이야기의 패턴은 한결같다는 것이다. 그래서 그는 블록버스터의 공식을 만들어내고 실제로 그 공식에 맞는 이야기들로 대작들을 만들어내었고, 성공률은 거의 매번 적중했다.

여기서 눈여겨보아야 할 지점은 바로 '사람'이다. **사람을 이해하는 것이 바로 마케팅의 출발점이다.** 늘 하는 이야기 같고, 뻔한 말처럼 느껴지지만 마케팅 회의를 위해 모였을 때 입을 모아 하는 첫 마디가 "요새 어느 채널이 좀 인기 있어?" "비슷한 제품 잘되고 있는 게 뭐 있어?" 등인 것을 보면 그 뻔한 이야기를 제대로 접목하고 있진 않은 듯하다. '이 제품은 이렇게 해야 잘 팔린다.'는 공식은 없지만, 그래도 언제나 틀리지 않은 접근법이 있다면 그것은 사람이다. 앞에서 적은 대로 세상 모든 것이 변한다 해도 절대 변하지 않고 남아 있는 것, 그것이 바로 사람이기 때문이다.

'현상'이 아니라 '사람'을 먼저 이해하라

1999년에 등장한 싸이월드는 '사이좋은 사람들이 모이는 세상'이라는 뜻으로 지금의 인스타그램, 페이스북의 시조라고 할 수 있는, 우리나라의 첫 SNS다. 내 바로 전 세대까지만 하더라도 젊은 사람들의 소통은 대부분 싸이월드를 통해 이

루어졌다. 요즘 무엇을 하고, 무엇을 먹고, 무엇을 입고, 또 누구를 만나고 사는지 싸이월드 홈피를 통해서 모두 확인할 수 있었다. 오래전 헤어져 못 보게 된 친구나 동창생, 이별한 애인의 소식까지도 찾을 수 있을 정도로 싸이월드는 수많은 사람들이 이용했다. 이제는 새로운 채널들에 의해 예전의 명성은 잃었지만 애초에 이 사이트의 기획 의도는 '사람들이 자신을 드러내고 싶어 한다.'는 욕구에서 출발한 것이었다.

자신의 라이프 스타일 그리고 근황을 알리고 싶어 하는 마음, 예쁜 사진, 그럴듯해 보이는 사진, 나의 여러 소식을 담은(혹은 종종 특정 누군가를 향해 메시지를 담은) 내 이야기들을 내보이고 싶은 것은 인간의 본능이다. 물론 자신을 드러내고 싶어 하지 않는 사람들도 있다. 그러나 아닌 사람들이 더 많다는 것을, 그 어느 나라보다 활발하게 SNS 활동을 하는 우리나라 사람들뿐만 아니라 전 세계인을 보며 우리는 경험하고 있다. **많은 사람들이 서로와 소통하고 싶어 하고, 자신의 마음과 생각을 표현하고 싶어 한다. 그것은 인간의 욕구이며, 인간의 본질이다.** 싸이월드는 인간의 그러한 욕구를 충족시키고자 기획되었고, 그 기획은 적중했다.

우리가 스타벅스, 이케아, 나이키, 구글, 넷플릭스, 아마존 등의 회사를 선택하는 이유, 그들이 파는 상품을 믿고 관심 있게 지켜보고 또 다른 경쟁 브랜드들보다 먼저 선택하고 주목하는 이유는 무엇일까. 이 브랜드들이 가진 하나의 공통점은 **'인간의 변하지 않는 본원적인 욕구와 욕망'에 충실한 비즈니스를 하고 있다**는 사실이다. 이들은 '인간'에 대한 이해의 바탕 위에서 끊임없이 변화하는 세상의 여러 도구들을 유연하게 받아들여 접목시킨다. 사람들은 이 브랜드들이 가진 고유의 매력에 이미 매료된 채 새로 제공받은 여러 제품과 서비스를 통해 더 오래도록 이 브랜드에 충성할 준비를 한다. 물론, 그들의 노력이 주춤한다거나 시대의 흐름에 뒤처진다거나 더 이상 인간을 이해하지 않는 쪽으로 변질된다는 느낌을 받는다면, 사람들은 금세 그 브랜드를 떠날 것이다. 세상엔 지금 이 순간에도 새로운 브랜드들이 쏟아져나오고 있기 때문이다.

따라서 **시장을 움직여야 하는 마케터가 해야 하는 첫**

번째는 바로 '사람을 이해하는 것'이다. 우리의 비즈니스를 흥하게 해주는 것은 바로 사람이다. 한 사람의 만족은 그다음 사람의 만족으로 이어진다. 좋은 경험을 자랑하고 싶은 인간의 욕구는 계속해서 고객을 만들어내기 때문에 모든 성공의 시작은 바로 여기에서부터다. 어떤 상품과 서비스를 기획하고 있다면 반드시 다음의 질문에 답을 하고 넘어가자. 기술과 유행이 아닌, 사람에 대해 생각하고 고민하는 브랜드만이 살아남는다. 이는 비즈니스가 생겨난 이래 한 번도 변하지 않은 진실이다.

마케팅 사고법 _나에게 질문하기
내가 만들고자 하는 이 상품과 서비스는
인간의 어떠한 욕구에 부합한 것인가?

• 비즈니스 사고법2 •

마케팅보다는 비즈니스를 위한 사고법을 장착하라

　세계 최고의 기록을 달성한 운동선수들에게 "최고가 되기 위해 가장 중요한 게 무엇인가?"라고 물으면 똑같이 대답한다. 바로 '기본기'라고 말이다. 운동선수뿐 아니라 자신의 분야에서 두각을 드러낸 모든 사람들이 중요하게 생각하는 게 바로 기본기다. 기본을 모르는 상태에서 쌓아 올린 탑은 늘 불안하기 마련이며, 숱한 노력에도 불구하고 단번에 무너져버릴 수도 있다. **자신이 하는 일에서 가장 기본이 되는 게 무엇인지 아는 것**은 그래서 매우 중요하다. 모래 위가 아니라 단단한 흙

위에 깊이 뿌리를 내린 채 세워지는 공든 탑과 같은 성공은, 특별한 재주를 가진 사람들의 전유물이 아니다. 오히려 그것은 늘 기본에 충실하며 기본을 절대 소홀히 여기지 않는 자들의 몫이다.

그렇다면 마케팅에서의 기본은 무엇일까.

나는 10대 때부터 마케팅에 관심을 가져왔고 직접 공부도 하고 컨설팅도 하고 교육도 하면서 한 가지 깨달은 것이 있다. **'마케팅에는 여러 화려한 스킬이 있다. 그러나 기본기가 되어 있지 않으면 이 모든 기술을 다 적용해도 결코 오래 갈 수 없다.'** 그래서 나는 마케팅 교육 커리큘럼을 짜는 긴 시간 동안 매우 고심했다. 나를 찾아오는 사람들은 당연히 SNS에 관련한 팁을 얻고 싶은 목적이 강하겠지만, 그 기술만을 알려주는 수업은 결코 오래 가지 못할 것이고, 그 교육을 받은 사람 역시 수업의 활용도가 일회성에 지나지 않을 게 뻔했다. 한 번 교육을 받은 후 두 번 다시는 나를 찾아오지 않는다 하더라도 나는 마케팅에 갈급한 사람들에게 반드시 알려줘야 할 게 있다고 생각했다. 그게 바로 '기본기'였다.

마케팅에서 기본은, 시장을 움직이는 '마케팅적 사고'를 가지는 것이다.

그 기본기는 바로 '마케팅적 사고'다. 마케팅이 시장(Market)을 움직이는(ing) 행위라면, 마케팅적 사고는 시장을 움직일 수 있는 사고방식을 의미한다. 마케팅적 사고를 가진 사람은 시장을 바라보는 관점, 시장에 접근하는 태도 자체가 이미 다르기 때문에 어떤 플랫폼이 들어와도 거기에 맞는 대응이 가능하다.

그렇다면 마케팅적 사고란 무엇인가?

경제활동의 핵심은 '파는 것에 대한 대가의 지불'이다. 유형이든 무형이든 파는 사람은 대가를 얻게 되고, 사는 사람은 유·무형의 제품을 받게 된다. 즉 돈을 벌고 싶은 사람은 무조건 무언가를 팔아야만 대가를 얻을 수 있고, 무언가를 얻고 싶은 사람은 그에 합당한 대가를 지불해야만 한다. 따라서 많은 돈을 벌고 싶으면 잘 팔 수 있는 방법을 연구해야 한다. 보통 '잘 파는 방법'이라고 하면 '어떻게 하면 고객이 우리 제품을 살까?'를 생각하기 마련인데, 마케팅적 사고는 여기서 '고객'이라는 단어에 집중한다. 그런 다음 이렇게 생각하는 것이다.

"고객은 왜 우리 제품을 사야 할까?"

이것이 마케팅적 사고의 시작이다. 너무나 당연한 이야기 같지만, 마케팅의 기본은 바로 고객이 원하는 것, 니즈, 욕구, 목적과 이유에 대해 정확하게 이해하는 것이다. 즉 **마케팅적 사고란 '내가 팔고자 하는 상품을 사야만 하는 고객이 누구인가, 그들을 얼마나 이해하고 있는가, 그들이 원하는 것을 얼마나 잘 알고 그것을 정확하게 제공하느냐.'**이다. '마케팅 전문가'라고 할 때 우리는 마케팅에 대한 공부를 많이 한 사람을 뜻하지 않는다. 내가 만든 상품을 살 고객에 대해 정확하게 이해하고 그것을 제공할 수 있는 사람은 모두 마케팅 전문가다. 그들은 고객이 우리 제품을 사야 하는 특별한 이유들을 다양한 방법으로 제공한다. 제품 자체에만 집중하는 게 아니라는 뜻이다. 또 실제로 마케팅을 전공하거나 공부하지 않았더라도 사업을 성공적으로 이끄는 사람들을 보면 마케팅적 사고가 잘되는 사람들임을 알 수 있다.

사업을 시작하는 사람들이 저지르는 큰 실수 중 하나가 자신의 사업을 '기업과 제품' 면에서만 바라본다는 것이다. 사업의 성공을 위해 우리는 '기업과 제품'을 넘어 '시장과 고객'이라는 측면에서 바라봐야만 한다. 한 예로, 사람들이 이케아를 좋아하는 이유는 무엇일까? 무거운 제품을 직접 사와 조립까지 해야 하는데, 굳이 이곳을 선택하는 데는 특별한 이유가 있지 않을까?

이케아의 슈미트갈 대표는 이케아가 추구하는 기업의 가치를 "많은 사람들을 위한 더 좋은 일상생활을 만든다(To create better everyday life for the many people)."라고 말했다. 그는 자신의 직원들에게 매일 귀가 닳도록 이 말을 강조하는데, 그러다 보니 직원들은 항상 '어떻게 하면 고객들이 편안하게 집에서 생활할 수 있을까.'에 골몰한다고 한다. 당연히 이케아의 성공비결은 '고객 중심의 생각'이었다. 실제로 이케아 직원들은 고객이 필요한 것을 찾기 위해 직접 직원들이 테스트를 하면서 하나씩 제품을 만들어나간다고 한다. 고객에 꼭 필요한 제품을 만들다 보니 매출도 자연스럽게 늘었다는 것이다.

국내에 론칭을 앞두고 있을 당시 성공이 힘들 거라고 예견한 사람도 많았지만, 지금은 국내 대형 가구 회사들과 당당하게 매출 1위를 다투고 있다. 그는 론칭 전 한국에 들어와 한국인의 집을 방문하며 한국인들의 생활 습성을 세심하게 관찰했다고 한다. 서양과 달리 욕실이 습식인 한국 문화, 자녀가 생기면 집 인테리어에 상당한 변화가 생긴다는 점, 주택보다는 고층 아파트가 많다는 점 등을 일일이 관찰한 후 여기에 잘 맞는 제품들을 중심으로 성공적인 론칭을 할 수 있었다.

마케팅을 잘하고 싶은가?

그렇다면 다른 모든 것에 앞서 마케팅적 사고를 장착해야 한다. 요즘 마케팅 교육이 넘쳐난다. 나 역시 내가 혹여 놓치는 내용이 있거나 더 나은 방법들을 배울 수 있을까 해서 교육에 참여할 때가 있다. 그러나 매번 돌아오는 길에 느끼게 된다. '요즘 이런 게 좋다더라.' 하는 어떤 플랫폼과 스킬도 '고객의 본질과 욕구'를 이해하는 마케팅적 사고를 이길 수 없다는 사실이다. 역시 기본이 가장 중요하다. 100개도 넘는 커피 브랜드가 거리에 줄지어 있는데 왜 우리는 굳이 한 블록 떨어진 곳에 있는 스타벅스를 찾아 돈을 조금 더 얹어 비싼 커피를 사 먹는가? 지금 우리의 머릿속에 떠오르는 그 몇 가지 이유를, 스타벅스는 이미 간파했을 것이다. 다른 무엇보다도 자신들이 타깃팅할 고객에 대한 끊임없는 분석을 우선시했을 테니 말이다.

마케팅적 사고는 간단히 말해 **'고객이 원하는 것을 주는 것'**이다. 그러려면 고객이 원하는 게 무엇인지부터 집요하게 파야 한다. 습식 욕실을 사용하는 한국 고객에게 유럽에서 쓰던 기존 제품들을 "이거 써봐, 제품이 얼마나 예쁘고 실용적인지 몰라." 하고 내놓았다면 과연 이케아는 성공할 수 있었을까? 호기심에 몇 번 사 볼 수 있으나 지속이 되지는 않았을 것이다.

고객에 대한 이해도는 성공 확률과 비례한다

나는 앞으로도 계속해서 마케팅의 기본 중의 기본인 '마케팅적 사고'를 강조할 것이다. 이 책을 읽는 독자들은 책을 덮을 때 적어도 나와 함께 '고객'을 발견하고, 고객에 대해 이해하고, 그들이 우리의 제품을 사야만 하는 이유에 대해서는 발견하길 바라기 때문이다.

우리는 부를 얻기 위해 사업을 시작했다. 내가 좋아하는 것, 추구하는 것을 한 상 차려놓고 사람들이 모여들기를 기다린다면 우리는 성공할 수 없다. 내가 차려놓은 제품들이 설사 세상에서 가장 질 좋은 것이라 하더라도, 고객은 눈길 한 번 주지 않을 것이다. 그들이 이 제품을 눈여겨봐야 할 이유를 아직 발견하지 못했기 때문이다. 마케팅적 사고는 그 이유를 발견해 고객에게 심어주는 것이다.

마케팅 사고법 _나에게 질문하기

내가 팔고자 하는 상품을 사야만 하는 고객은 누구인가?

그들을 얼마나 이해하고 있는가?

나는 그들이 원하는 것을 얼마나 잘 알고 그것을 정확하게 제공할 수 있는가?

— • 비즈니스 사고법3 • —

기업가들은 반드시 하는 것: 구체적인 목표와 계획 세우기

"리더는 구성원들이 적합한 자리에서 적합한 일을 가장 효율적이면서도 성과 지향적으로 하고 있는지, 그렇지 않다면 어떤 조치가 필요한지에 대해 24시간 골몰해야 한다. 또 성과에 입각해 구성원들에게 '목표를 부여해주고' '그 목표를 잘 실행할 수 있도록 도와주고' '목표를 달성했을 때 단기적 성과 달성과 장기적 역량 개발 모두에 대해 적절히 평가해주는 것' 이 세 가지가 리더의 3Role이다."

류랑도 _《성과 중심의 리더십》중에서

온라인 마케팅에 약한 CEO들을 돕겠다는 사명감을 가지고 이 일을 시작하긴 했지만, 나는 처음부터 이 일을 하는 데 대한 명확한 목표를 정량적으로 세우고 출발한 것은 아니다. 여기서 정량적이란 내가 하는 일에 대해 얼마만큼의 성과를 올릴 것인지 구체적인 숫자로 목표를 세운 게 아니었다는 뜻이다.

온라인이든 오프라인이든 사람의 마음을 움직이는 것이 마케팅이며, 우리의 상품과 서비스를 이용해 줄 고객은 누구이며 그들이 어디에 있는지를 찾아내어 그들의 마음을 사로잡는 것이 마케팅의 본질이라는 것은 잘 알고 있었다. 그 본질을 온라인상의 여러 툴로 잘 이용할 수 있다는 장점을 바탕으로 이 사업을 시작했지만, 처음에는 그저 다른 사람들이 잘되는 것을 바라보는 것, 내가 누군가에게 도움이 되는 존재가 될 수 있다는 사실만으로도 기뻤다. 그래서 수익이 나지 않아도, 그 상황이 언제까지 지속될 것인지 예측도 하지 못한 채로 열심히 뛰어다녔다. 물론 그것이 진정성의 바탕이 되었다고 긍정적으로 말할 수도 있다. 그러나 만약 몇 년이 지난 지금까지도 그 상태가 계속되어 왔다면 과연 내 사업은 어떻게 되었을까.

그런 내 생각이 바뀐 것은 멘토인 한 회장님의 질문 때문이었다. "박 대표는 매출 목표가 얼마야?" 그때 대답이 바로 튀어나오지 못했고, 그저 당시 막연히 한 번쯤 생각해본 적 있던 대답이 툭 튀어나왔다. "월 2억쯤이요?" 그러자 그 회장님이 "그럼 바로 하면 되겠네."라고 하시는 것이다. 나는 "지금 당장 어떻게 해요… 아무 준비도 안 되어 있는데…."라고 대답했다. 그러자 "아니요, 해요."라고 단호하게 말씀하시는 게 아닌가.

그날 집으로 돌아오는 길에 계속 머릿속이 복잡했다. '뭘 어떻게 하라는 거지… 지금 상태에서 어떻게 그게 가능하단 말이야.' 머릿속은 복잡했지만 웃긴 건 계속 그 생각이 떠나지 않는다는 사실이었다. 지금 나는 이 정도밖엔 못 하는데 갑자기 2억으로 매출을 올려보라고? 지금 당장? 그러면 무엇부터 해야 하지? 그게 가능하긴 한 걸까?…. 그 고민을 하기 시작하면서부터 비로소 **'내 사업은 현재 2억을 벌 수 있는 구조인가?'를 따져보게 되고, '그럴 수 없다면 무엇이 문제인가?'를 들**

여다보기 시작한 것이다.

그리고 비로소 나는 비즈니스를 하는 한 리더로서 나와 함께하는 구성원들이 혹은 파트너가 무엇을 향해 가고 있는지를 생각해보기 시작했다. 모든 사람이 하나의 목표를 향해 달려가고 있지 않다면, 그것은 리더인 내가 목표 설정을 제대로 하지 않았거나 그 목표를 향한 비즈니스 구조를 제대로 갖추고 있지 않았기 때문임을 이해하게 된 것이다.

성취해야 할 목표를 구체적으로 세워라

우리는 성과를 내기 위해 일한다. 직장인 역시 성과를 내야 하고, 사업을 하는 사람들 역시 반드시 성과를 내야 한다. 직장인에게는 목표이지만 사업가에게는 생존이다. 이때 우리가 달성하고자 하는 목표는 구체적이어야 하며, 숫자에 강해져야 한다.

가끔 컨설팅을 할 때 "나는 숫자에 약합니다. 저는 계산을 잘 못 해요." 하고 말하는 사람들을 만나게 된다. 나 역시 예전에는 그랬다. 그러나 이 말속에는 '숫자에 강한 사람은 돈을 밝히는 사람' '계산적이지 않은 사람은 선한 사람'이라는 생각이 깔려 있다. 그러나 비즈니스는 철저하게 돈에 의해 움직인다.

생각해보라. 당신은, 그리고 나는 어떤 사람과 파트너가 되고 싶은가?

"적당히 벌어 적당히 살렵니다."라고 말하는 사람? "아 저는 숫자에 약한데…" 하는 사람? 정말 그 사람을 믿을 수 있을까? 그와 손을 잡고 함께 일해도 괜찮겠는가?

그런데 나 역시 처음엔 그런 사람이었다. 숫자에 약하고, 숫자만 보면 그것보단 일단 닥친 걸 열심히 하자. 그러다 보면 어떻게 되겠지, 하는 막연한 생각이 있었다. 그런데 처음으로 매출 목표에 대해 진지하게 생각해보게 된 것이다.

'어떻게 하면 월 2억이라는 매출 목표를 달성할 수 있을까?'

처음 이 질문에 대한 답을 찾아야 한다고 생각했을 때, 질문을 회피하는 나 자신을 발견했다. '아, 내가 어떻게 2억을 해. 말이 돼?' 그러나 결국 나는 '월 매출 2억'이라는 성과 목표를 달성하기 위한 플랜을 짜고, 그에 맞는 시스템을 찾기 시작했다. 내가 하고 있는 사업의 구조가 잘못되었다면 적합한 모델이 무엇인지 찾기 시작했고, 문제점을 보완하고 앞으로 나아가기 시작한 것이다.

 우리는 성과를 내기 위해 일한다. 모두 함께 모여 열심히 하는 것 자체가 결과를 내는 것은 아니다. 성과는 사업에 있어서 생존이다. 매출이 오르지 않으면 지금 함께하고 싶은 그 사람들과 헤어져야 하고, 힘들다는 걸 알면서도 사업이라는 걸 해보고 싶어 시작한 이 일을 결국 접어야 한다. 어쩌면 큰 빚을 진 채 살아가야 할지도 모른다. 정말 많은 사업가들이 지금 이 순간에도 문을 닫고, 스스로 왜 실패했는지 이유도 모른 채 사라져간다.

 사업은 혼자만의 힘으로 되지 않는 것이기에 주변으

로부터 도움을 받아야 할 순간도 온다. 그러나 목표가 뚜렷하지 않을 때, 목표에 도달하는 방법을 구체적으로 고민하고 있지 않을 때, 주변 역시 도와줄 방법을 구체적으로 알지 못한다. **구체적인 목표는 곧 구체적인 준비다.** 구체적인 준비가 된 자에게만이 기회가 주어진다. 이제 성과 목표를 정하고 그에 대한 플랜을 짜자. 사업의 주체도, 함께 일하는 사람도, 목표를 통해 강력한 동기를 부여받고 앞으로 달려가야 한다. 선한 행동, 공헌하는 삶, 위대한 업적은 그다음의 일이다.

마케팅 사고법 _나에게 질문하기

내 사업은 현재 월 00을 벌 수 있는 구조인가?

그럴 수 없다면 무엇이 문제인가?

나는 어떤 사람과 파트너가 되고 싶은가?

비즈니스 사고법4

지속적으로 부를 끌어당기는 마케팅의 비밀

"그릇을 만드는 데 들이는 시간을 아끼지 마라."

이즈미 마사토*_《부자의 그릇》 중에서

사업을 하며 통장이 바닥난 때를 경험한 적이 있을 것이다. 그 절박한 상황 앞에서 아무것도 붙들 것이 없다고 여겨질 때, 더불어 무엇이 문제인지 도저히 발견이 되지 않을 때, 어쩌면 사업은 규모에 관계 없이 가장

---

*   일본 최고의 경제금융교육 전문가이자 일본 파이낸셜 아카데미 주식회사의 대표

큰 위기에 봉착하게 된다.

몇 년 전 회사를 운영하는 분이 찾아왔다. 그리고 나에게 건넨 첫 마디.

"통장에 딱 30만 원이 남았습니다."

사업이 잘될 때는 금방 부자가 될 것처럼 기쁘고 설레지만, 이런저런 이유로 매출이 하락할 때는 언제 그랬냐는 듯이 끝도 없이 곤두박질친다. 그 경우도 예외는 아니었다. 몇 년 동안 열심히 달려왔고, 잘 될 때도 있었겠지만 지금은 30만 원이 남았다고 했다. 이제 이것으로 어떻게 해야 할까. 앞으로 더 나아가는 게 맞을까, 아니면 이대로 포기하는 게 차라리 나을까. 그는 이런저런 복잡한 고민 끝에 '어차피 이렇게 된 거, 마지막으로 해야 할 일은 마케팅이고, 그 분야에서 도움을 받을 수 있는 사람을 찾아가는 것이다.'라고 결론을 내렸다. 그리고 지인의 소개를 통해 나를 찾아왔고, 우리의 수업은 그렇게 시작되었다.

마케팅 업계에 나보다 훌륭한 사람들이야 많겠지만 이제 남은 건 온라인 마케팅밖에 없다고 생각했기에 나를 찾아왔을 것이다. 그러나 우리의 첫 만남은 마케팅 수업으로 이루어지지 않았다. 내가 처음 그분을 만났을 때 가장 먼저 요청한 것은 바로 '매출 목표'였다. 그것도 아주 구체적인 월 단위의 목표였다. 그는 그간 기복이 심했던 사업의 매출의 흐름과 결국 현재는 아무것도 이루지 못했다는 실망감 때문인지 쉽게 목표를 적지 못했다. 그 심정을 잘 알 것 같았다. 나 역시 일만 하고 성과를 내지 못하던 시간이 있었으니까. 온라인 마케팅을 통해 마지막 한 수를 놓아보겠다는 건 결국 일회성의 대안에 불과하다. 어렵지만 장기적인 사업의 미래를 위해 구체적인 목표를 정하는 것이 지금 가장 시급한 일이었다.

"지금 4월이니 4월부터 8월까지 월 단위로 적어보시겠어요?"

그렇게 해서 적은 목표는 다음과 같다.

> 5월 - 3,000만 원
> 6월 - 7,000만 원
> 7월 - 9,000만 원
> 8월 - 1억 원

목표를 적은 다음 그가 세일즈에 강점이 있다는 것을 파악했고, 하루에 만날 수 있는 '고객 수'를 점검했다. 그리고 고객과 어떻게 만날지, 그들이 어디에 있는지 등 비즈니스 모델을 함께 정립했다.

최대 6개월 안에 월 1억 원이라는 매출을 달성하는 것이 우리의 목표였다. 그리고 3개월 후.

112,753,000

이 숫자는 우리가 3개월 만에 달성한 목표액이다. 이후 그분은 지금까지도 2억 원 이상 초과달성을 하며 성장을 하고 있다. 여기서 '성장'이라고 표현한 것은 성공을 향해 지속적으로 성과를 내고 있고, 그 성과가 점점 좋아지고 있기 때문이다. 우리가 세운 마케팅 계획은 특별한 무엇이 아니었다. 우리는 대부분 '마케팅'이라고 하면 상품을 팔기 위한 매우 특별한 '방법'이라 생각하고 다양한 툴에만 초점을 맞추지만, 실은 마케팅이란 다음 세 가지에서 출발하며 마지막까지도 이 세 가지에 집중해야 한다. 바로, '누구를 대상으로 할 것인가?'와 '그들에게 어떻게 다가갈 것인가?' 그리고 '다가갔다면 이제 그들의 마음을 어떻게 사로잡을 것인가?'

여기서 중요한 기술은 그들의 마음을 하나하나 잡아 구매까지 이어지게 만드는 것이다. 따라서 블로그 잘 쓰는 법이나 카드뉴스 잘 만드는 법 등을 공부하는 게 급선무는 아니다. 지금 내 사업의 매출이 오르지 않고 있고 일정하게 나고 있지 않다면 먼저 비즈니스의 본질을 파고들어야 한다. 그분 역시 마지막 남은 30만 원으로 내게서 인스타그램 다루는 법이나 페이스북에 글 올리는 방법 등을 배워갔다면 지금의 결과는 없었을 것이다. 콘텐츠를 잘 만드는 것도 무척 중요한 일인 건 맞지만, 아무리 잘 만든 콘텐츠도 엉뚱한 곳에서 엉뚱한 사람에게 전달된다면 의미가 없지 않겠는가?

목표가 구체적일수록 방법도 구체적으로 나온다

우리가 성공에 도달하기 위해 가장 먼저 해야 할 일은 구체적인 목표를 세우는 일이다. 1억이라는 목표액은 그분과 나의 간절한 꿈이었지만 시간이 흐른 후 그는 "10억이라고 할 걸 그랬다."라며 아쉬워했다.

목표는 우리를 움직이게 하는 힘이 있다. 목표가 없다면 우리는 움직이지 않는다. 움직인다 하더라도 무엇을 위해 어떻게 움직여야 하는지 계획이 나오지 않는다. 목표가 두루뭉술하다면 계획도 두루뭉술하다. 즉 목표가 구체적이라면 그 목표를 달성하기 위해 세우는 우리의 목표도 구체적일 수밖에 없다. 지금 그 목표에 도달하지 못하고 있다면 문제가 무엇인지 본질적인 부분부터 따져보게 되고, 고민하게 되고, 찾아서 시도해보게 되고, 더 나은 방법을 계속해서 연구함으로써 비로소 구체적으로 움직이게 되는 것이다.

지속적으로 부를 끌어당기는 마케팅 계획이라는 것은 트렌드에 맞는 거창한 툴을 의미하지 않는다.

아무것도 시작하지 않은 상태에서도 반드시 해야 할 것은 바로 '목표를 세우는 일'이다. 구체적인 목표를 정하고 그것을 달성하기 위한 계획을 짜라. 그 계획을 어떻게 실행할 것인지 연구하는 과정이 곧 부를 끌어들이는 첫 번째 단계임을 잊어선 안 될 것이다.

마케팅 사고법 _나에게 질문하기

누구를 대상으로 할 것인가?
그들에게 어떻게 다가갈 것인가?
다가갔다면 이제 그들의 마음을 어떻게 사로잡을 것인가?

비즈니스 사고법5

비즈니스 모델
파악하기

내가 하는 수업의 핵심 중 하나가 바로 이번 장에서 이야기할 내용이다. 마케팅 수업을 들으러 왔는데 갑자기 '사업구조' 이야기만 하다가 돌아가는 것에 어리둥절한 사람도 많이 있다.

그러나 우리가 무엇으로, 어떻게 돈을 벌 것이며 어느 정도까지 돈을 벌 것인지를 결정하는 비즈니스 구조는 아무리 강조해도 지나치지 않다. 성과가 나는 기업과 나지 않는 기업의 차이는 어김없이 이 비즈니스 구조에서 나온다. 따라서 "비즈니스 구조가 어떻게 되세요?"라는 질문은 컨설팅에서 내가 가장 먼저 건네는 질문이 될 수밖에 없다.

비즈니스 모델(구조)을 물어보는 것은 사업에 있어 돈이 들어오고 나가는 수익구조를 정확히 알기 위함이다. 어떻게 돈이 들어오고 어떻게 나가는지를 알아야 나를 포함해 마케팅을 실행하는 사람들은 그 회사에 필요한 부분이 무엇인지 정확히 체크하여 협업할 수 있다. 그런데 비즈니스 모델이 어떻게 되는지, 내가 현재 하고 있는 사업의 비즈니스 구조가 어떻게 되는지에 대한 개념조차 없이 사업에 뛰어든 사람들이 생각보다 많이 있다. 작은 구멍가게뿐 아니라 현재 꽤 규모가 있는 기업들조차도 생각해 보지 못했다는 것을 컨설팅과 마케팅 수업을 하면서 알게 되었다.

그래서 나는 인스타그램 수업이나 온라인 도구에 대한 코칭 수업이 아니라 '비즈니스 모델 클래스'를 따로 열어 운영하게 되었다. 내 사업의 비전은 '착한 기업을 성공시키는 것'이다. 단순히 SNS를 잘하는 법을 알려주는 것이 아니라, 실제로 그 기업이 사업을 통해 성공할 수 있는 발판을 함께 고민하고 만들기 위해 노력하는 것이다. 물론 SNS가 딱 필요한 시기였기에 SNS 마케팅을 접목했을 때 바로 성과를 내는 기업도 분명 있다. 그러나 그곳은 이미 비즈니스 구조가 잘 짜여 있으며 매출에 대한 구체적인 목표가 잡힌 기업일 가능성이 크다. 비즈니스 모델이 명확치 않은 상태에서 회사의 대표나 마케팅 담당자가 SNS를 잘하게 되어 온라인에서 영향력이 생긴다 하더라도 그 사람은 엔터테이너지 사업가는 아니다.

우리는 인기를 끌고 SNS를 잘하기 위해 사업을 하는 건 아니지 않은가.

그래서 나는 이번 장에 나의 클래스를 그대로 옮겨 보려고 한다. 스타트업 기업을 포함해 매출에 대해 여러 고민을 안고 있는 경우라면 반드시 이 클래스를 확실하게 이해한 후 그다음 스텝으로 넘어가길 바란다.
우리는 '성과를 내는 사업을 해야 한다.'는 이야기를 계속해서 하고 있다. 그러면 어떤 교육을 받든 어떤 파트너와 협업을 하든 또 어떤 책을 읽든 모든 것이 '성과'와 연결되어야 한다.

나는 컨설팅이나 강의를 할 때 항상 다음 두 가지에서 반드시 결론을 내기를 당부한다. 그리고 이것이 곧 성과로 연결되며, 이 결론을 확실히 낸 사람들만이 성공을 거두게 된다는 것을 강조한다. 실제로 대부분이 그랬다. 그 두 가지는 바로 다음이다.

한 장으로 내 사업을 정리할 것
내가 집중해야 할 채널을 찾을 것

최근 효과적인 마케팅을 위해 무작정 유튜브를 시작했다는 얘길 많이 듣게 된다. 수많은 사람이 유튜브를 통해 영향력을 갖고자 하지만 성공하지 못하는 이유는 무엇일까?

유튜브라는 플랫폼이 나와 맞는지, 내 사업과 어떻게 연결되는지 알지 못한 채 다른 사람들도 하니까, 많은 사람들이 모여드는 곳이니까 해야 한다는 막연한 생각을 갖고 접근하기 때문이다. 그러나 유튜브는 만드는

데 많은 시간과 비용이 투여된다. 따라서 실패할 경우 그만큼의 리스크를 감당해야 한다. 그럼에도 불구하고 "요즘은 무조건 유튜브가 답이다!"라고 이야기하는 사람들이 있는데, 실제로 내 주변에는 유튜브를 하지 않고도 성공한 수많은 사람들이 있다. 그중에는 직접 유튜브를 배워서 하는 것이 아니라 유튜브를 잘하는 사람을 활용한다. 이미 접근에서 다른 것이다.

유튜브나 기타 플랫폼 활용법에 대한 수많은 강좌들

나는 SNS를 다루는 사람이기 때문에 SNS가 마케팅을 도구로 잘 사용한다면 사업에 있어 얼마나 효율적인지 누구보다 잘 알고 있다. 1,200만 팔로워, SNS로 수백억을 버는 남자 게리 바이너척은 개인이 브랜드

화가 되어야 하는 이 시대에 SNS는 필수이며, 내가 가장 잘하는 것, 좋아하는 것을 찾아 지금 당장 시작하라고 강조한다. 그러나 그 역시 페이스북 등의 소셜미디어를 통해 돈을 벌지 못하거나 실패하는 사람이 있다고 이야기한다. 방향이 틀린, 자신에게 맞지 않는, 진정성 없는 콘텐츠로 불특정 고객에게 접근하는 경우가 그렇다는 것이다.

나는 이 책을 통해 **효율적인 소셜미디어 접근**에 대해 당연히 이야기할 것이다. 그러나 그 전에 우리는 지금 **내가 하고 있는 사업의 비즈니스 모델을 점검**해볼 것이다. 그리고 내 사업의 비즈니스 모델을 들여다보면서 **과연 어느 채널이 내 사업에 가장 적합할지**를 점검해볼 것이다. 그런 다음에야 그 채널에 대한 접근을 어떤 식으로 할 것인지에 대한 답이 도출된다. 사전에 반드시 점검해야 할 이 두 가지가 내 마케팅 컨설팅의 차별점이라고 할 수 있다. 사실, 우리나라만큼 마케팅 전문가가 많은 나라가 있을까. 수많은 기업들이 그 전문가를 고용하거나 사업 초기부터 함께하거나 혹은 대표자가 교육을 받고 시작하지만 다 성공하는 건 아니다.

아니, 성공 확률은 매우 저조하다. 마케터는 그 실패의 책임에서 빠지는 일이 그리 어렵지 않다. 실패에 갖다 붙일 이유는 생각보다 많다. 그러니 속지 말라. 무작정 "일단 이 도구부터 사용해보자."는 말에도, 또 "다른 경우에 이걸 해보니 효과가 있더라."는 말에도. 지금 중요한 건 그게 아니다.

비즈니스 모델이란 무엇인가

그러면 정작 중요한 건 무엇인가. 먼저, 내 사업을 한 페이지로 써보는 일, 즉 비즈니스 모델을 점검하는 것이다. 여기서 비즈니스 모델이란 무엇인가? 비즈니스, 즉 사업을 하는 데 필요한 모든 요소를 분석해보는 것을 의미한다. **어떤 제품 혹은 서비스를 소비자에게 어떻게 공급하고 어떻게 마케팅하며, 그리하여 어떻게 돈을 벌어들일 것인가** 하는 계획이다. 여기에 대한 구체적인 아이디어와 계획이 바로 비즈니스 모델이다. 사업을 하는 모든 사람은 자신의 비즈니스 모델을 객관적으로 설명할 수 있어야 한다. 머릿속에 뒤죽박죽되어 있긴 하지만 지금껏 한 번도 정리해본 적이 없다면 지금부터 하면 된다. 그러나 머릿속에조차 내 사업의 구조가 담겨 있지 않다면, 정리해보고자 하는 마음이 생기지 않는다면 그건 조금 심각할 수 있다. 그러나 일단 지금이라도 점검해보자. 분명 지금 자신의 사업에 대해 직면하지 못하는(회피해온) 부분이 있었을지 모른다. 그것을 직면하는 것이 곧 성공의 시작이라면 어떻겠는가(이조차도 아니라면 '나는 왜 사업을 시작했지?'부터 검토해봐야 한다).

비즈니스 모델을 점검하기 시작하면서 가장 많은 혜택을 본 사람이 바로 이 책을 쓰고 있는 '나'라는 사람이다. 나는 대단한 사업을 한 사람도 아니고 지금 역시 마찬가지지만 한 가지 확실한 것은 내가 컨설팅한 기업들 대부분이 구체적인 매출 목표를 정하고 정해진 기한보다 앞당겨 그 목표를 달성했다는 사실이다. 어째서 그럴 수 있었을까?

내 머릿속에는 외식업, 병원, 의류회사, 화장품회사, 교육회사 등 성공적인 시스템을 갖고 있는 여러 기업의 비즈니스 모델이 들어 있다. 외식업에서 한 번 성공한 사람들은 계속해서 외식업을 확장하면서 하는 것마다 성공적으로 이끈다.

내 머릿속에는 그런 비즈니스 모델들이 확실히 정리되어 있어서 어떤 분야든 아주 심플하게 설명할 수 있다. 나는 매우 예민한 성향을 타고났는데, 어릴 적 불편했던 그 성향이 이 일에 매우 유리하게 적용한 경우다. 즉 내가 직간접적으로 경험한 모든 회사의 비즈니스 구조를 다 뜯어보고(분석해보고) 머릿속에 정확하게 정리를 해둔 것이다. 내 사업에 있어서 이 정리 자체가 바로 비즈니스의 바탕이 되었다. 컨설팅의 1번 단계인 '비즈니스 모델 설정하기'에 반드시 필요한 바탕이기에 나의 파트너들과의 협업이 성공적일 수밖에 없었던 것이다.

비즈니스 모델을 점검하는 것은 사업의 성패를 결정함과 동시에 플러스 알파의 효과를 가져다준다. 먼저, 비즈니스 모델을 적어보는 과정에서 사업 아이템을 발견하는 사람들도 많이 보았다. 그게 당장 사업으로 연결되지 않는다 하더라도 장기적인 목표를 위해

굉장히 중요한 발견이나 동기가 되는 경우도 있다. 평소에 생각해보지 않았던 나의 비즈니스에 대해 구체적으로 들어가다 보니 생각지도 못했던 아이디어가 떠오르는 것이다.

또 반드시 따져봐야 하는 유통 채널을 살펴보다 보면 돈이 어디에 있는지 한눈에 보인다. 사실, 이 부분이 어쩌면 가장 핵심이 될 것이다.

[공급자 - 총판 - 도매 - 소매(대리점) - 소비자]

스마트폰과 인터넷이 등장하기 전 대부분의 유통은 위의 과정을 거쳤다. 조금만 눈을 크게 뜨고 보면, 여기서 총판, 도매, 소매의 과정을 생략했을 때 훨씬 많은 이익을 창출할 수 있다는 사실이 보이기 시작한다. 플랫폼이 뜨는 이유는 여기에 있다. 이 과정을 모두 생략해주기 때문이다.

요즘 라이브방송으로 다양한 SNS 채널에서 의류를 판매한다. 팬데믹 이후, 더욱 재택이 많아진 요즘, 대부분의 소비자가 온라인에 있는데 동대문까지 가서 발품을 팔아야 할 이유가 없다. 중간 과정을 모두 생략하고 판매자가 직접 소비자에게 온라인상으로 물건을 판다. 마진률이 높은 건 말할 것도 없다.

사업구조에 따라 조금은 다를 수 있겠지만 어쨌든 내 비즈니스의 모델을 구축하다 보면 내가 어떤 유통 과정을 통해 이익을 얻고 있는지 명확하게 볼 수 있게 되고, 그러면 조금이라도 더 높은 수익을 올릴 방법을 찾게 된다. 더 많은 과정을 생략하고 나에게 효율적인 플랫폼을 활용해 나의 고객을 확보할 계획이 그제야 나오게 되는 것이다.

마케팅 사고법 _나에게 질문하기

어떤 제품 혹은 서비스를, 소비자에게 어떻게 공급하고, 어떻게 마케팅하며, 어떻게 돈을 벌어들일 것인가?
어느 채널이 내 사업의 비즈니스 모델에 가장 적합한가?

부록

위대한 기업들의 비즈니스 모델 캔버스

이제부터 본격적으로 내 사업의 모델을 정리해보도록 하자. 지금부터 우리는 한 장의 표를 채워나가게 될 것이다. 이 표는 IBM, 캐나다 정부를 비롯해 전 세계의 조직에서 활용하는 프레임워크다.* 여기엔 총 9가지 블록이 있는데 이것을 모두 채울 수 있다면 내 사업을 명확하게 설명할 수 있다는 뜻이 된다. 지금부터 이 9가지 블록이 어떤 것을 의미하는지, 어떤 것들로 채워야 하는지를 살펴보겠다.

* 알렉산더 오스터왈더의 《비즈니스 모델의 탄생》을 참조

복잡해 보일지 모르지만 실은 매우 간단하다. 가운데 '가치 제안'을 중심으로 오른쪽과 왼쪽으로 나누어 그림을 한번 살펴보자. 가치 제안이 가운데 있는 건 그만큼 사업에 있어서 '가치'가 중요하다는 뜻과 같다. 우리는 앞의 파트를 통해 비즈니스가 가치를 창출하고 그 가치에 대한 대가를 획득하는 일임을 이해했다. 가치를 중심으로 나머지 블록들은 모두 가치의 흐름에 따라 서로 긴밀하게 연결되어 있다는 사실은 매우 중요하다. 이제부터 이 9가지 요소들이 각각 무엇을 의미하는지 살펴볼 것이다. 설명을 읽으면서 떠오르는 아이디어들을 메모하면서 200% 자신의 것으로 획득하길 바란다.

1. 가치 제안(Value Propsition)

9가지 요소 중 가장 먼저 살펴볼 것은 바로 가치 제안이다. 여기서 핵심은 바로 '차별화 포인트'다. 사업을 할 때 가장 자주 저지르는 실수가 바로 이 부분이다. '내가 잘하는 것'을 하는 게 사업이라고 생각하지만 더 중요한 것은 그게 '얼마나 다른가?'이다. 내가 팔고자 하는 상품을 통해 어떤 가치를 전달할 것이며, 그것이 다른 것들과 어떻게 다른지가 중요하다는 뜻이다. 이 부분을 채울 때는 다음 3가지 질문을 참고해보자.

> 1) 고객에게 어떤 가치를 전달하고 싶은가?
> 2) 고객의 어떤 문제를 우리가 해결할 수 있을까?
> 3) 고객의 어떤 요구를 우리가 만족시킬 수 있을까?

컨설팅을 할 때 이 3가지 질문만으로도 참 많은 인사이트가 일어난다. '어떤 종목이 더 마진율이 좋을까?' '어떻게 해야 더 잘 팔 수 있을까?' 하는 건 공급자의 마인드다. 그런데 앞에 던진 세 가지 질문은 공급자가 아닌 소비자의 관점으로 접근하는 것이기에 답에 따라 사업의 결과가 다르게 나올 수밖에 없다. 이 부분은 내가 가장 예민하게 생각하는 부분이다. 즉, 나는 사업에 있어 리스크를 덜 남기는 것을 매우 중요하게 생각하는데, 따라서 고객이 원하는 걸 다 만들어주겠다는 마음으로 접근한다. 그 정도로 고객 중심으로 사고하고, 고객에게 전해질 가치에 집중한다는 뜻이다. 우리가 절대 잊어버리지 말아야 할 것은 우리 사업을 성공으로 이끌 열쇠는 바로 고객이 갖고 있다는 것이다. 내가 어떤 가치를 전달할 것인지, 어떤 가치를 전달할 때 고객이 기꺼이 나에게 돈을 줄 것인지 잘 모르겠다면 고객에게 직접 물어봐라. 이 말이 허무맹랑하게 들리는가? 하지만 적어도 그들이 원하지 않는 걸 내 마음대로 제공하는 것보다는 훨씬 더 많은 소득이 있다는 걸 말해주고 싶다. 나 역시 내가 제공하고 싶었던 가치보다는 고객이 원하는 가치에 더 귀를 기울이고, 그들이 내게 던지는 불평마저도 감사하게 받고 개선할 때 더 확실한 비즈니스 모델이 구축되었다.

2. 고객(Customer Segments)

두 번째로 살펴볼 것은 바로 고객이다. 고객에 대한 이야기는 이후 한 파트를 모두 할애해서 이야기해도 부족할 정도로 비즈니스에 있어서 가장 중요하다고 할 수 있다. 그래서 나는 항상 고객이라는 요소를 매우 집중해서 살펴본다. 이 부분에서의 핵심은 '고객의 명확하고도 디테일한 설정'에 있다. 일전에 컨설팅했던 한 헤어팩 회사는 "판매 대상이 누구냐?"고 묻자 "20대부터 50대 여성 누구나"라고 답했다. 이런 대답은 매우 위험하다. "좀 더 뾰족하게 잡아보자."는 나의 제안을 시작으로 "50대 극손상모를 가진 사람"으로 결론을 내고 포지셔닝을 했는데 매우 성공적이었다. '고객' 부분을 채울 때는 다음 4가지 질문을 참고해보자.

> 1) 내 상품을 누가 살 것인가?
> 2) 누가 우리의 가장 중요한 고객인가?
> 3) 누구를 위해 가치를 창조해야 하는가?
> 4) 나의 가치를 가장 필요로 하는 사람이 누구인가?

여기에 대한 대답이 두루뭉술해서는 안 된다. 특히 온라인 마케팅에 있어서는 타깃이 구체적일수록 그들이 검색할 수 있는 키워드를 더 세부적으로 나누어 그들과 만날 수 있는 길목을 찾을 수 있다. 고객이 누구인지 모른다면 그들이 사용하는 키워드를 추측할 수 없다. 예를 들어, 네이버에 내 사업과 관련된 키워드 검색량이 거의 없다면 내 사업은 네이버라는 플랫폼과는 맞지 않다는 사실을 파악하고 카카오스토리나 인스타그램과 같은 다른 플랫폼을 활용할 방법을 찾아야 한다. 따라서 이 블록에는 아주 세부적으로 나의 고객을 적어보도록 하자.

3. 유통 채널(Channels)

세 번째는 유통 채널이다. 유통 채널이란 곧 고객이 모여 있는 곳이다. 온라인, 오프라인 할 것 없이 우리의 상품을 구매해줄 잠재 고객이 어디에 있는지를 찾아내는 것이 핵심이다. 카카오, 네이버 등의 커뮤니티가 모두 채널이 될 수 있다. 여기서 커뮤니티란 내 상품과 관련된 특정 공동체를 의미한다. '반려견'을 예로 든다면, 네이버, 카카오, 인스타그램 등에 보면 반려견에 대한 특정 커뮤니티가 있다. 이 모든 것이 채널이 될 수 있다. 나에게 해당하는 채널이 무엇인지 찾기 위해서는 다음 질문에 답해보자.

> 1) 어느 채널이 가장 효과적인가?
> 2) 어느 채널이 가장 비효율적인가?
> 3) 채널의 우선순위는 어떻게 되는가?
> 4) 잠재 고객이 몰려 있는 곳은 어디인가?

우선 생각나는 모든 것을 적은 후 잠재 고객이 모여 있는 우선순위를 적어본다. 그러면 내 사업에서 효율적인 채널과 비효율적인 채널이 보인다. 우선순위에 따라 어디에 집중해야 하는지 짚어볼 수 있다. 그러나 이 순위는 오늘과 내일이 다를 수 있다. 이 부분은 자주 검토하면서 예민하게 대응해야 한다. 잘 모르겠다면 내 고객에게 한번 물어보자.

"주로 활동하는 커뮤니티가 어디인가요?"

4. 고객 관계(Customer Relationship)

이 부분은 한 마디로 고객이 우리 상품과 서비스를 이용하게 하는 것, 즉 '마케팅'이다. 기존의 고객이 이탈하지 않고 지속적으로 우리 제품을 쓰게 하고, 신규 고객을 끌어들이는 모든 방법을 의미한다. 다음 질문에 대해 생각해보면 답을 효과적으로 찾을 수 있다.

> 1) 고객이 우리 제품을 쓰게 하려면 어떻게 해야 할까?
> 2) 고객들은 어떤 방식의 고객 관계가 만들어지고 유지되길 원할까?
> 3) 고객이 직접 만나길 원하는가?
> 4) 고객이 인터넷을 통한 관계를 추구하는가?
> 5) 일회성 거래인가, 아니면 정기적 거래인가?

위 5가지 질문에 대한 답을 찾아보면서 나의 고객과 나는 어떻게 소통을 하는 게 효율적인지를 따져봐야 한다. 작품활동을 하고 있다면 SNS를 통한 소통이 효과적일 것이다. 강사, 보험, 세일즈를 하고 있다면 면대면 관계가 좋을 것이다. 점포를 운영하고 있다면 직접 대면하는 게 가장 좋다. 나의 경우 고객을 일대일로 만나는 게 최선이라고 생각했는데, 해외에 있는 분은 온라인으로 수업을 받길 원해서 그렇게 한 적이 있다. 나의 경우 4번에 대한 답을 찾아가는 과정에서 공간의 제약 없이 전 세계에 있는 모든 사람에게 도움을 줄 수 있다는 생각을 하게 됐다. 나의 고객은 나를 어디에서 어떻게 만나길 원할까? 이 부분을 명확하게 안다면 마케팅의 방향이 설정되고 집중도가 생긴다. 소위 '헛다리 짚는' 일은 하지 않아도 되는 것이다. 많은 돈을 들여 마케팅 계획을 짜지만 내 고객이 나와 어떤 식의 관계를 맺고 싶어 하는지에 대한 이해가 없다면 좋은 계획도 의미가 사라진다. 따라서 반드시 이 항목은 채우고 넘어가야 한다.

5. 수익원(Revenue Streams)

수익 부분을 따져볼 때 한 가지 염두에 둘 것은 우리의 수익을 결정하는 데에는 두 가지 형태가 존재한다는 사실이다. 바로 일회성 수익과 연속적인 수익이다. 이게 무슨 말인가, 하는 사람이 있을 수 있다. 좀 더 쉽게 고객 입장에서 생각한다면 한 번 지출하고 끝나는 게 아니라 계속해서 고객이 매달 결제를 하게 할 수 있느냐, 하는 것이다. 결국 사업과 관련된 모든 활동은 이 부분과 연결이 되어야 하기 때문에 머리가 아파도 짚어보고 넘어갈 수밖에 없다.

넷플릭스는 한 달 15,000원 정도의 비용으로 모든 콘텐츠를 이용할 수 있도록 하고 있다. 이제 많은 사람이 KT나 LG유플러스에서 제공하는 서비스를 모두 해지하고 넷플릭스로 돌아서는 추세다. 넷플릭스에는 훨씬 다양한 콘텐츠가 제공되며 계정 역시 하나의 계정으로 1개가 아니라 4개의 아이디가 제공되어 어디서든 접속만 하면 온 가족이 자신의 핸드폰이나 PC로 각각 원하는 서비스를 즐길 수 있기 때문이다.

넷플릭스를 통해 그동안 접하지 못했던 전 세계의 다양한 콘텐츠를 볼 수 있다.

매월 일정 금액의 돈을 내고 상품이나 서비스를 받는 것을 구독 경제라고 하는데, **나의 사업에서 이 구독 시스템이 가능한지 점검해볼 필요가 있다.** 크든 작든 정기적인 돈이 갖는 힘은 매우 크다. 코로나 이후 이제는 온라인 강좌, 배달 음식, 게임 이용 등의 결제에 있어서 구독 경제 시스템을 이용하는 경우가 많다. 내 머릿속에 있는 한정적인 것들을 끄집어내기보다는 좋은 사례들을 많이 분석하고 참고해보자. 구독 경제 시스템을 잘 활용하면 안정적인 수익구조를 만들 수 있다. 아래 질문을 활용해 5번 블록을 채워보자.

1) 가장 큰 수익원은 무엇인가?
2) 고객들은 어떤 방식으로 지불하는 걸 선호하는가?
3) 각각의 수익원은 전체 수익에 얼마나 기여하는가?
4) 고객들은 어떤 가치를 위해 기꺼이 돈을 지불하는가?
5) 수익을 창출하는 핵심 방법은 무엇인가?
   (예 : 물품 판매, 이용료, 가입비, 대여료, 광고 등)

6. 핵심 자원(Key Resource)

핵심 자원이란 비즈니스 모델을 창조하고 그 가치를 전달하는 데 가장 중심이 되는 자산을 의미한다. 이 자산은 거의 다음 4가지에 속한다. 지적자원, 인적자원, 재무자원, 물적자원이다.

마이크로소프트의 경우 장기간에 걸쳐 개발한 소프트웨어 재산권이 수익의 핵심 자원이 된다. 카카오의 경우는 플랫폼이 자산이다. 내 사업의 핵심 자원은 마케팅 실전 노하우와 성공적인 비즈니스 모델에 대한 정보다. 이것이 없으면 우리 회사는 없는 셈이다. 의외로 자기 회사의 핵심 자원이 무엇인지 모르는 경우가 있다. 핵심 자원은 꼭 한 가지가 아닐 수도 있다. 그러나 한 가지도 명확하게 답하지 못한다면 곤란하다. 다음 질문에 대한 답을 고려하면서 블록을 채워보자.

> 1) 우리의 가치 제안은 어떤 핵심 자원을 필요로 하는가?
> 2) 우리가 생각하는 제품을 만들기 위해 투입해야 할 핵심 자원은 무엇인가?

7. 핵심 활동(Key Activities)

핵심 활동은 고객에게 가치를 제공하는 원천이 되는 주요 활동을 의미한다. 콘텐츠 회사라면 고객에게 제공할 콘텐츠를 기획하고 만드는 것이 핵심 활동이고, 카카오와 같은 플랫폼 사업을 하는 회사라면 유지, 보수를 하고 새로운 기능을 기획하는 것이 주요 활동이 될 것이다. 여기에는 다음 질문이 유용하다.

> 1) 가치를 제공하기 위해 우리에게 가장 중요한 활동은 무엇인가?
> 2) 어떤 활동을 해야 도움이 될까?

강의를 하는 사업이라면 메인 강의를 팔기 위한 특강 활동이 중요하다. 강사들이 책을 출간하는 이유는 그들이 설 자리를 더 많이 창출하기 위해서다. 어떤 사업은 커뮤니티를 잘 살펴보는 것이 핵심 활동이 될 수 있다. 고객이 몰려 있는 곳을 잡기만 해도 수익이 오르는 사업이라면 커뮤니티 공략이 가장 중요하다. 수익을 창출하기 위한 나의 핵심 활동이 무엇인지를 파악해보는 것이 7번 블록의 핵심이다.

8. 핵심 파트너(Key Partnership)

미래 사회에서는 이 부분이 더 강조되어야 한다. 핵심 파트너란 나의 사업에 필요한 외부의 모든 인력을 의미한다. 예전에는 직원을 많이 뽑아 업무를 분장하는 식으로 일을 했고 지금도 그런 방식이 필요한 업종이 있다. 그런데 1인 기업이 많아진 오늘날 여러 공정이 필수적인 사업의 경우 핵심 파트너를 파악하고 설정하는 일은 매우 중요하다. 온라인쇼핑몰이라면 배송업체와 제작공장 등이 핵심 파트너가 될 것이고, 출판사의 경우 인쇄소와 물류 업체가 핵심 파트너가 될 것이다. 핵심 파트너의 구성은 본업에 있어 더 중요한 것에 몰입할 수 있게 해주고, 불필요한 일, 본업을 비효율적으로 만드는 일들을 덜어내게 해준다. 다음 질문에 대한 답을 찾아 8번 블록을 채워보자.

> 1) 우리의 핵심 파트너는 누구인가?
> 2) 파트너로부터 어떤 핵심 자원을 획득할 수 있는가?
> 3) 파트너가 어떤 핵심 활동을 수행하는가?

9. 비용 구조(Cost Structure)

드디어 마지막 항목이다. 비용 구조란 비즈니스 모델 운영에 발생하는 모든 지출 비용을 의미한다. 5번 수익원에서 나가는 비용을 빼면 순이익이 된다. 의외로 이 계산을 하지 않은 채 사업을 하는 사람들이 너무나 많다. 그러나 숫자를 정확하게 따져보지 않으면 흑자인 줄 알았는데 엄청난 손실이 일어나고 있거나 혹은 곧 닥쳐올 수도 있다. 이 계산을 하지 않는다는 것은 열심히 일하는 데만 급급해서일 수도 있지만 숫자와 대면하고자 하는 의지가 부족해서일 수도 있다. 지금 흑자이든 적자이든 무조건 이 부분을 따져보아야 한다. 만약 수익에서 비용을 뺀 후 마이너스가 난다면 앞으로도 개선이 안 될 가능성이 100%다. 당장 비즈니스 구조를 갈아엎고 다시 세워야 한다.

한 예로 7명의 의사가 있는 치과에서 의사 한 명이 올리는 수익이 5,000만 원을 웃돌았지만 병원은 결과적으로 적자가 나는 상황이었다. 매출액만 따져보고 지출 비용을 따져보지 않았다가 나중에 통장을 보고 깜짝 놀라 컨설팅을 의뢰해왔는데, 가서 정확히 숫자를 들여다보면서 파악한 문제점은 사용하는 고가의 치료 시설물을 7개의 방에 모두 들여놓음으로 인해 비효율적인 구조가 만들어져 있다는 점이었다. 도구를 같이 활용할 수 있는 방법을 찾았다면 훨씬 효율적이었을 것이다. 장사가 아무리 잘 되어도 매출이 제자리걸음을 할 수밖에 없는 상황이었다.

또 어느 고깃집은 매출이 100억인데 순수익이 1,000만 원밖에 안 되었다. 매출이 높으니 순수익이 얼마인 줄도 모르고 있다가 몇 년이 지나서야 이 상황을 알게 되었는데, 내가 가서 구조를 파악했을 때는 유통에서 모든 손실이 일어나고 있었다. 유통 과정을 심플하게 만들고 손실을 줄이자 훨씬 순이익률이 높아졌다.

결국 숫자를 계산해보지 않으면 내 사업이 어떻게 돌아가고 있는지 알 수 없다. 막상 뚜껑을 열어보면 훨씬 심각한 상태일 수도 있다. 그러나 확실한 건 열어보지 않고는 알 수 없다는 사실이다. 지금이라도 이 부분을 면밀하게 따져보는 게 중요하다. 여기서 핵심은 '매출'이 아니라 순이익이다. 다음 질문을 던져보고 답을 찾아보자.

> 1) 어떤 핵심 자원을 확보하는 데 가장 많은 비용이 드는가?
> 2) 어떤 핵심 활동을 수행하는 데 가장 많은 비용이 드는가?

여기까지가 비즈니스 모델을 세우는 과정이다. 9가지 블록을 모두 채웠는가? 그렇다면 다음 파트로 넘어가 보자.

마케팅에는 정답이 없다. 그러나 비즈니스에는 정답이 있다. 나의 사업이 무엇인지 다른 사람에게 객관적으로 설명할 수 있도록 정리되어 있을 때만이 마케팅이 유의미해진다. 아무리 좋은 마케팅이라도 다른 데서 성공한 것이 나에게는 틀리게 적용될 수도 있다. 마케팅이 어렵다고 말하는 이유도 그 때문이다. 누군가 그랬다. 장사란 욕망의 바다에 그물을 던지는 행위라고 말이다.

우리 고객들은 어디에 존재하는가?
내가 공략해야 할 욕망의 바다는 어디인가?

우리는 나머지 두 파트를 통해 우리의 고객을 공략하는 방법을 비로소 살펴보고, 또 최고가 되는 방법에 대해 이야기해볼 것이다. 단, 앞에서 제시한 비즈니스 모델 캔버스를 명확하게 했을 경우만 가능하다. 우리에게 가장 적합한 채널이 무엇인지 '유레카'를 외칠 수 있는 상황 또한 다음 스텝에서만 가능하다. 이제, 우리의 운명을 결정할 고객을 만나러 가보자.

"우리가 청중을 얻고 싶다면 청중이 있는 곳,

청중이 이끄는 곳이면 어디든 가야 한다."

- 게리 바이너척*_《크러시잇!》 중에서

* 베스트셀러 《크러시잇!》 시리즈의 저자이자 CEO

Part03.

관점을 바꾸면
돈이 보인다

── ◆ 관점 전환 사고법1 ◆ ──

상대방이 원하는 걸 주어라

"바보는 고객을 유혹하려 하지만,
선수는 고객이 스스로 선택하게 만든다."

장문정(쇼호스트)_《팔지마라 사게하라》중에서

몇 년 전 경영학과를 졸업한 한 후배가 취업에 고민이 많다며 나를 찾아왔다. 규모가 큰 광고기획사나 마케팅 회사에 지원을 하고 싶은데 지방대학에 학점이나 기타 스펙도 좀 부족한 상황이라 어찌해야 할지 모르겠다는 것이다. "이렇게 한번 해보자." 후배와 함께 가장 먼저 한 일은 '그 회사에서 필요한 게 뭘까?' '그 회사가 나를 뽑아야만 하는 이유가 있다면 그게 뭘까?'를 생각해보는 것이었다.

우리는 앞에서 마케팅적 사고에 대해 이야기했다. **고객이 필요한 게 뭘까? 고객이 우리의 제품을 사야만 하는 이유가 뭘까? 이것이 바로 마케팅적 사고법이다.** 이 사고법은 수요와 공급의 원칙이 존재하는 모든 곳에 적용된다. 즉 취업을 하려면 내가 입사하고자 하는 회사가 '나'라는 사람을 원하게 만들어야 한다. '내가 그곳에 취직하고 싶은 수만 가지 이유'가 나를 취직하게 만드는 것이 아니라, 그 회사가 나를 뽑아야만 할 '단 한 가지 이유'만 있어도 취업은 가능한 것이다.

회사를 운영하며 직원을 채용해보니 화려한 스펙보다는 지금 당장 내게 부족한 부분, 필요한 부분을 채워줄 수 있는 사람을 우선으로 보게 된다는 걸 알 수 있었다. 결국 회사에 도움이 되는 사람, **다른 사람보다는 그 사람을 선택해야 할 이유가 충분한 사람이라면 충분한 '대가'를 지불하고라도 그 사람을 채용하는 것이**

다. 이것이 '수요와 공급'의 본질이다. 나는 후배와 함께 이 원칙에 근거해 철저하게 준비를 해보기로 했다.

당시 모든 회사들이 온라인 마케팅에 노련한 직원을 원하고 있었고, 우리는 그 부분을 공략하기로 했다. 평소 예쁜 카페에 가는 걸 좋아하던 후배는 전주에 살고 있었는데, 지역 맛집이나 예쁜 카페 사진을 찍어 올리는 인스타그램을 만들어 계정을 키우기 시작했다. 한창 페이스북이 인기이던 때라 인스타그램에는 이런 내용의 정보가 별로 없었다. 유저(User) 자체가 적기도 했다. 대신 그만큼 확실한 고객이 포진된 상태여서 공략해볼 만했다. 우리는 전주를 맛집 투어하는 컨셉으로 계정을 만들었고, 콘텐츠를 차곡차곡 꾸준히 쌓자 금세 팔로워를 늘릴 수 있었다.

시간이 흐르자 전주의 모든 카페를 갈 수는 없다는 생각이 들었고, 일일이 가지 않고 올릴 방법을 찾게 되었다. 그래서 1위부터 100위까지 전주 맛집 리스트를 만든 다음, 검색 엔진을 통해 고객이 이미 올려둔 사진들을 검색하기 시작했다. 예쁜 사진들이 있으면 운영자에게 메시지를 보내 "안녕하세요? 전주에서 맛집 인스타를 운영하고 있는 운영자입니다. 고객님의 사진이 너무 예뻐서 그러는데 고객님의 사진을 저희가 좀 활용해도 될까요?" 그러면 대부분이 "와 좋아요!" 하고 답을 보내왔다. SNS는 뭔가 자랑하고 싶은 곳, 자신의 일상을 공유하고 싶은 사람들이 모이는 곳이니 흔쾌히 수락을 한 것이다.

6개월 후, 후배는 원하던 회사에 취업을 했다. 스펙도 학점도 필요 없었다. "안녕하세요. 저는 인스타그램으로 영향력 있는 전주 맛집 페이지 운영자입니다. 제가 귀사에서 온라인 광고와 관련해 도와드릴 수 있는 영역이 많을 것 같아 지원했습니다." 이 말 한 마디에 회사는 바로 후배를 채용한 것이다. 회사는 '우리가 찾던 인재다!'라고 생각했을 것이고, 후배는 '내 전략이 먹혔구나.' 생각했을 것이다.

상대방이 원하는 걸 주어라

소위 '대박 상품'이라고 말하는 것들이 우연한 기회에 갑자기 빵 하고 터졌으리라 생각하지만 세상에 그런 우연은 드물다. 나도 이렇게까지 될 줄은 몰랐는데 얼떨결에 이렇게 됐다고 하는 상품조차도 이유를 파고 들어가 보면 알게 된다. 그 상품에는 사람들이 선택할 수밖에 없는 이유가 담겨 있다는 사실을 말이다. 판 사람이 '얼떨결'이라고 말한다면, 그 이유를 발견하지 못한 채 팔다가 대박이 난 것일 뿐 이유가 없는 것은 아니다. 그런 행운이 판매자 혹은 판매 회사의 운일지도 모르지만 우리는 여기서 중요한 한 가지를 발견할 수 있다. 사람들이 선택할 수밖에 없는 이유를 발견한다면 누구나 그런 행운을 잡을 수 있다는 사실이다.

우리가 마케팅을 할 때 가장 흔히 저지르는 실수 중 하나가 바로 '상품' 자체에만 집중한다는 것이다. 해당 시장에 존재하는 고객들의 성향보다는 해당 시장에 내다 팔 상품 자체에 너무 치우친 나머지 정말 좋은 상품인데 결국 빛을 보지 못하고 사라지는 상품들을 숱하게 보아왔다. 가끔 "이거 진짜 좋은데 왜 안 팔렸는지 몰라." 하는 소리를 들어본 적이 있을 것이다. 왜 사람들은 그것보다 좀 더 못한 것을 더 많은 비용을 지불하면서까지 선택하게 되는 걸까.

고객이 사게 만드는 전략. 고객이 '이거 안 사면 어쩐지 손해'라고 느끼게 만드는 전략. 그것은 더 좋은 상품을 개발하는 것으로 되지 않는다. 물론 상품이 별로여서 안 팔리는 경우도 많다. 그러나 상품이 괜찮아야 하는 것은 사업 성공에 있어 기본 중의 기본이다. 하지만 상품력 하나만으로 경쟁할 수 없는 것이 바로 시장이라는 사실을 기억해야 한다.

내가 괜찮다고 생각하는 것이 아니라 상대방이 원하는 것을 주어라. 아니, 상대방이 마치 원하고 있었던 것처럼 느끼게 만드는 상품을 품에 안겨주어라. 이것이 바로 세상이 아무리 바뀌어도 변하지 않는 마케팅의 본질이다. 이를 놓친 채 하는 마케팅은 실수가 아니라 실패로 이어질 뿐이다.

관점 전환 사고법2

나다움이
곧 브랜딩이다

"예나 지금이나 고객의 마음을 움직이는 가치를
담은 상품 자체가 곧 마케팅이다."

세스 고딘*

---

* 마케팅의 고전이라고도 여겨지는 《보랏빛 소가 온다》의 저자이자 전 세계 대기업의 온라인 마케팅 컨설팅을 성공적으로 이끈 장본인

아마 그 뜻을 정확하게 읊지는 못해도, 요즘 사람 대부분이 '브랜딩'이라는 말에 익숙할 것이다. 특히 마케팅을 하는 사람들에게 브랜딩은 무척 중요한 말이 되었다. 과거에는 마케팅이라는 말을 '영업'의 의미로 사용하기도 했지만 이제 마케팅은 훨씬 더 큰 의미로 통용된다. 소셜미디어의 발달과 소비자의 거래방식, 또 상품을 인식하는 방식의 변화로 인해 그 개념이 더 바뀌기도 했다.

어쨌든 브랜딩이란 브랜드가 가진 이미지와 느낌, 정체성을 고객의 마음속에 심어주는 과정을 의미한다. 《나음보다 다름》과 《배민다움》 등을 쓴 홍성태 교수는 여러 개의 음식배달업체 중 '배달의민족'이 유독 큰 성공을 이룬 것은 배민이 가진 특장점인 **'나다운 브랜드'를 만드는 마케팅 전략이 뒷받침되었다**고 말한다. 그러면서 그는 자신의 책을 통해 항상 일관되게 이야기한다. **마케팅의 핵심은 '브랜드를 관리하는 일(Branding)'이라고 말이다. 그리고 그 브랜딩을 우리 말로 쉽게 표현한다. 바로 '다움'이다.** 우리는 일상 속에서 쉽게 "너답다."라는 말을 쓴다. 여기서 '너다움'이란 '너'

만이 가진 무엇을 의미한다. 그것이 바로 '다움'이며 브랜딩인 것이다.

우리는 '배달의민족' 하면 금세 몇 가지 이미지들을 떠올린다. 이미 우리의 머릿속에 그 회사의 이미지가 각인되어 있으며 심지어 그 회사의 대표가 가진 마인드와 철학에 대해서도 어느 정도 그릴 수 있을 정도로 인식되어 있다. 그것이 바로 브랜딩이며, 그만큼 그 회사의 브랜드가 고객에게 잘 브랜딩되어 있다는 뜻이기도 하다. 배민뿐 아니라 구글, 애플, 삼성, 대한항공 등 이름을 떠올리면 좋든 나쁘든 특정한 이미지들이 바로 떠오르곤 한다.

오늘날은 이러한 이미지를 소비자에게 어떻게 인식하도록 하는가가 바로 사업의 성공으로 이어진다. 잘 나가던 기업을 하루아침에 나락으로 떨어뜨리는 것도, 잘 안 되던 기업을 하루아침에 성공의 대열에 오르도록 만드는 것도, 브랜딩의 힘이다.

'다움'은 어떻게 만들어질까

그렇다면 성공적인 브랜딩은 어떻게 해야 하는 걸까. '배달의민족'을 창업할 때 김봉진 대표는 <무한도전>에 노홍철, 박명수 같은 출연자들이 가장 핫한 시간대에 공중파에 나오는 것을 보면서 B급문화에 대한 생각을 했다고 한다. '사람들이 이걸 받아들이네? B급으로 문화를 수면 위로 끌어올려도 되겠는데?' 그렇게 키치(모조품, 대중적인 상품), 패러디 등을 통해 배민만의 스타일을 만들어낸 것이다.

백종원은 서민을 위한 음식을 만드는 사람으로 잘 인식되어 있다. 백종원이 만드는 모든 브랜드는 일반인 누구나 비싼 돈을 들이지 않고 쉽게 즐길 수 있는 음식이며, 음식은 무조건 '맛있어야' 한다는 백종원의 확고한 철학이 모든 브랜드에 잘 스며들어 있다. 우리는 같은 음식점이라도 백종원이 만든 프렌차이즈 간판을 보면 같은 값에 맛있는 음식, 믿을 만한 음식을 먹을 수 있으리란 기대를 하게 된다. 그것이 바로 '백종원다움'이기 때문이다. 실제로 백종원은 자신의 사업 철학 중한 가지가 "음식을 만드는 사람이지만 맹세컨대 돈이 아니라 어떻게 하면 좋은 음식을 싸게 즐길 수 있을까를 고민한다."이다. 몇 년 전부터 심심찮게 보이기 시작한 빽다방 역시 다른 데보다 1~2천 원이 더 싼데, 카페를 통해 돈을 버는 목적이라기보다 자신의 프렌차이즈 음식점에 바로 들어가지 못하고 기다리는 고객들을 위한 서비스 차원에서 만들었다고 한다. 모든 기획에서 그의 확실한 브랜딩이 돋보인다.

마케팅은 제품을 어떻게 받아들이느냐 하는 인식의 싸움

홍성태 교수의 말처럼 상품 자체로 승부를 걸어야 한

다면 그 싸움에 끝이 있을까. 더 나은 상품은 언제든 나오기 마련이다. 물론 더 나은 상품을 만드는 것은 모든 기업의 당연한 노력이지만 그보다 더 노력해야 할 것은 고객에게 우리의 제품을 '어떻게' 인식시킬까 하는 것이다. 바로 '브랜딩'이다.

브랜딩은 단번에 이루어지는 것이 아니다. 요즘 시대에 SNS는 브랜딩의 가장 핵심적인 툴이라 할 수 있다. 내 동생은 SNS 인플루언서로 오랫동안 활동을 하고 있는데, 처음부터 인기가 있었던 게 아니다. 동생은 SNS에 자신의 패션스타일이나 관심 분야에 대해 거의 매일 성실하게 업로드를 했는데, "뭐해? 또 SNS해?" 하고 묻는 내게 이렇게 말하곤 했다. "오빠. 지금 이게 우스워 보여도 내가 이걸 계속하잖아! 내가 나중에 사업을 하게 되면 엄청 도움이 될 거야." 그리고 진짜 나중에 동생이 사업을 하는 데 있어 그 성실함은 엄청난 힘을 발휘했다.

브랜딩을 잘하기 위해서는 내가 내 제품에 인식시키고자 나만의 철학 즉 '나다움'을 가지고 있어야 함은 물론이며, 그 이미지를 심어주기 위한 장기적인 전략이 필요하다. 보통 나에게 SNS를 배우기 위해 찾아오는 사람들이 "6개월 정도 하면 매출 어느 정도 오르죠?" 하고 묻는데, 이 생각 자체가 브랜딩을 제대로 하지 못하는 원인이 된다는 걸 발견했다. SNS는 브랜딩을 위해 최적화된 곳이며, 따라서 더욱 차근차근 계단식으로 올라가야 한다. 그러나 그렇게 차곡차곡 쌓아간 브랜드의 이미지는 고객의 머릿속에서 결코 쉽게 잊혀지지 않는다.

이제 모든 비즈니스는 브랜딩이다. 우리가 팔고자 하는 상품, 서비스 자체의 품질을 개선하기 위한 노력도 중요하지만 그것이 고객에게 어떤 느낌으로 다가갈지, 어떤 생각을 하게 해줄지, 어떤 만족도를 안겨줄 수 있을지를 철저하게 고민하자. 그것이 마케팅의 시작이다. 아니, 마케팅의 핵심이며 모든 것이다.

— • — **관점 전환 사고법3** — • —

SNS는 목적이
아닌 수단이다

 나는 다른 건 몰라도 SNS 하나는 정말 자신이 있었다. 물론, 지금도 마찬가지다. 그 강점 때문에 마케팅 회사까지 설립하게 되었고, 고객들의 요청에 따라 SNS를 통해 성과를 내고 싶어 하는 사람들을 대상으로 컨설팅과 교육을 하게 되었다. 그래서 처음에는 당연히 내가 가장 잘하는 SNS를 알려줘야 한다는 생각에 치우쳐 있었다. 실제로 사업을 하는 사업주들과 마케팅 담당자들조차 SNS를 힘겨워하는 경우가 많았다. 아예 시작조차 못 한 채 헤매는 경우도 수두룩했다.

그러나 SNS에 대한 컨설팅과 교육을 진행할수록 좌절감이 들었다. 사람들이 나를 찾는 본질적인 이유는 돈을 벌기 위해서, 즉 사업에 성공하기 위해서다. 단순히 SNS 기술 몇 가지를 배우려고 온 것이 아니다. 나 외에도 수많은 SNS 전문가들이 존재하지 않던가. 그런데 그들과 똑같이 "인스타그램은 이렇게 해야 하고요, 페이스북은 이렇게 해야 합니다." 등을 알려주는 게 무슨 의미가 있을까. 신기술이나 조금 더 나은 전략을 알려준다면 괜찮을까? 그러나 그 전략이 다음번에 통하리라는 보장은 어떻게 알 수 있을까.

 마케팅 교육을 할 때 내가 반드시 세우는 원칙이 있다. 바로 '교육비 회수의 원칙'이다. 불과 3~4년 전까지만 해도 나는 교육쇼핑을 통해 상처를 많이 받았다. 통장의 돈을 긁어서 좋다는 교육을 모두 받았지만 성과로 돌아오지 않았다. 시간이 흐를수록 힘이 빠지고 곁에서 응원과 지원을 해주던 가족도 힘들어했다. 아무리 좋은 교육을 받아도 그것이 성과로 이어지지 않는다면 무슨 소용이 있을까.

그래서 몇 년 후 내가 직접 교육 과정을 개설했을 때는 수강생들에게 목표치를 적도록 했다. '이렇게 들어두면 언젠가는 쓸 데가 있겠지.'가 아니라 교육이 끝난 후 '정확히 얼마를 회수할 것인가.'에 대한 목표를 세밀하게 세우도록 한 것이다. 그러면 수강생들은 내 교육을 통해 어떻게 매출을 올릴 것인지에 대해 방법을 찾을 수밖에 없고, 나 역시 반드시 성과가 나는 교육을 해줄 수밖에 없다. 그런데 확실한 건 'SNS 잘하는 법'만으로는 절대 성과를 낼 수 없다는 사실이었다. SNS는 상황에 따라 단기적 전략이 필요할 수도 있고, 장기적인 전략을 세워야 할 수도 있다. 팔로워 수를 늘린다고 매출이 따라 오르는 것도 아니고, 또 어떤 기업에는 SNS 자체가 필요하지 않을 수도 있다.

성과 즉 매출을 올리는 데 있어 SNS라는 것은 하나의 수단일 뿐이다. 지금 내 상황에 SNS가 필요한지를 판단할 수 있다면 기술을 배우는 것은 간단한 문제에 불과하다. 그렇게 접근하고 보니 정말 중요한 것은 마케팅의 기본에 해당하는 마케팅적 사고를 가지는 것이었다. 다행스럽게도 내가 맡았던 브랜드들의 거의 대부분이 성공적으로 매출이 향상되었는데, 이렇게 성과로 이어질 수 있는 마케팅을 펼치기 위한 나의 '마케팅적 사고'를 수강생들에게 전수한다면? 그렇다면 여러 차례 교육을 받지 않아도 지속 가능한 마케팅 도구를 갖추는 셈이 되지 않을까? 나는 이런 생각을 바탕으로 교육 커리큘럼을 준비했고 지금까지도 그 내용으로 교육을 해오고 있다.

수단과 목적을 혼동하지 말 것

 몇 년 전 절망적인 표정으로 나를 찾아온 1인 기업가가 있었다. 겨우 유지해오던 사업이 곧 문을 닫게 생긴 상황이었다. 꺼져 가는 불씨를 다시 살릴 방법이 없을까 하는 마음에 지인을 통해 나를 찾아왔다. 그때까지 해오고 있는 사업과 앞으로의 비전에 대해 이야기를 나눈 다음, 나는 블로그를 하나 만들라고 제안해두었다. 나를 만나면 SNS에 대해 컨설팅을 받으리라고 짐작했던 그는, 나의 제안에 따라 블로그를 하나 만들었다. 대신, 나는 그분에게 블로그를 다루는 구체적인 스킬에 대해서는 알려주지 않았다. 그보다는 왜 블로그를 운영해야 하는지, 지금 하고 있는 비즈니스에 있어 블로그 운영이 왜 중요한지에 대해서 충분히 컨설팅을 해주었다. 그리고 어떤 식으로 블로그를 활용하고, 어떻게 브랜딩을 해나가는지에 대해서도 알려주었다.

결과적으로 블로그의 하루 방문자 수는 그리 많지 않았다. 하지만 사업은 꾸준히 성장해서 지금은 매년 목표 매출을 갱신하고 있다. 그 블로그 하나만으로 전국에서 문의가 들어와 실속있게 사업을 운영할 수 있게 되었기 때문이다. 아마 SNS 스킬을 배우는 데 집중했다면 지금쯤 블로그 방문자 수를 늘리기 위해 고전하고 있었을지도 모른다. 다시 한 번 강조하지만 이 책은 마케팅을 위해 마케팅을 배우는 것이 아니다. 내가 이 책을 쓰는 이유, 우리가 이 책을 읽어나가는 이유는 바로 우리의 사업을 성공시키기 위해서다. 따라서 **내 사업을 성공시키기 위해 해야 할 일은 '지금 어디에 집중해야 하는지를 판단하는 힘'을 키우는 것이다.** 다른 곳에 시간과 돈을 투자한 후 "아무것도 건진 게 없다."며 누군가를 원망할 필요는 없다. 모든 것은 나의 선택에 대한 결과이다.

SNS는 좋은 마케팅 도구임에는 틀림없지만, 매번 좋은 도구가 될 수는 없다

지금 우리는 성공이 간절하다. 그렇다면 어디에 달려들 것인가? 이 간절함과 열정을 어디에다 쏟아야 하는가? 이 판단을 할 수 있다면 성공에 한층 더 가까이 갈 수 있을 것이다. 일전에 한 대표님이 인스타그램을 잘하는 방법을 알려달라고 계속 찾아왔다. 이미 인스타그램에 콘텐츠를 차곡차곡 쌓으며 열심히 해온 분이었는데, 아무리 열심히 해도 회사의 매출이 오르지 않는다는 것이다. 팔로워 수도 꽤 있고 '좋아요'도 많이 눌러주는데 왜 매출이 오르지 않을까 고민이라며, 혹시 자신이 모르는 다른 방법이 뭐가 있는지 좀 알려줄 수 있겠냐고 물었다.

그분이 하고 있는 사업의 구조를 보니 그분의 회사나 그분을 필요로 하는 고객들은 모두 네이버에 주로 검색을 하는 사람들이었다. 그런데 정작 네이버에는 아무런 정보가 없고 인스타에만 줄곧 콘텐츠를 쌓고 있으니 사람들 입장에서는 그분이 누구인지, 그분 회사가

무엇을 하는 회사인지 알지도 못하고 관심도 없을 수밖에. 나는 그분에게 물었다. **"대표님의 고객은 상품을 구매하기 위해 어떤 과정을 거치나요?"** 내가 계속해서 질문을 던지자 그분은 대답을 찾는 과정에서 인사이트를 얻었고, 지금껏 헛다리를 짚고 있었다며 허비한 시간을 안타까워했다. 하지만 이제라도 알게 되었으니 얼마나 다행인가.

여러 사례를 들었지만, 결국 하고 싶은 말은 이것이다. "SNS는 마케팅의 정답이 아니다."

우리는 이 책을 통해 정답을 찾는 게 아니라 인사이트를 얻는 방법을 터득할 것이고, 마케팅적 사고를 장착하게 될 것이다. 우리가 알던 상식은 계속해서 무너질 것이고 지금껏 배워왔던 온라인 마케팅, 소셜 마케팅의 틀이 깨질 것이다. 그래도 우리는 실패하지 않을 것이다. SNS를 아무리 열심히 배워도 고객이 움직이지 않으면 절대 성과는 나지 않는다. **그러면 모든 스킬을 배우기 이전에 나의 고객이 누구이며 그들이 무엇을 원하는지, 그리고 결정적으로 어디에 있는지를 먼**

저 알아야 한다. 이 사실을 아는 것만으로도 지금껏 성과를 내지 못한 이유에 성큼 한 발짝 다가서는 셈이다. 또한 내 고객이 누구인지 알았다면 그들을 찾아 그들이 원하는 것을 적시에 안겨주는 방법을 터득하는 게 중요하다. SNS는 내 고객을 안 후 그들의 필요를 충족시킬 수 있는 여러 수단 중 하나에 불과하다. 물론, SNS가 필요 없다는 말이 절대 아니다. 오늘날 SNS는 매우 중요한 마케팅 툴 중의 하나다. 내 고객이 없는 곳에서 매출과 상관없는 SNS에 몰두하는 것은, 성공이 간절한 지금 이 시기에 고퀄리티의 취미 활동을 하는 셈이라는 걸 알아야 한다.

• 관점 전환 사고법4 •

Think Different!

"지금 당연한 것들을 아무 생각 없이 당연하게 받아들이는 사람은 항상 세상의 변화를 뒤따라갈 수밖에 없다. 현재의 당연함을 부정하고 미래에 당연해질 것을 찾아가는 과정에서 생각이 자라나고, 다른 사람들과 차별화된 자신만의 생각이 자라게 된다."

박용후 _《관점을 디자인하라》중에서

하버드 경영대학원 종신교수인 문영미 저자가 쓴 《디퍼런트》라는 책에는 '역포지셔닝 브랜드'라는 말이

나온다. 저자의 말을 빌리자면 역포지셔닝 브랜드란 **'매우 독특한 아이디어를 통해 소비자들의 기대와는 전혀 다른 방향으로 나아가기로 결단을 내린 아이디어 브랜드'를 뜻한다.** 기존의 브랜드들이 계속해서 해온 방식을 거부하고 과감하게 삭제하거나 변경하기로 결심하고 실행하는 것이다.

 모두가 '그렇다'고 동의하는 방식이나 익숙한 것에 과감하게 'No'를 외치고 방향을 바꾸는 것은 사실 쉽지 않은 일이다. 이 책에서도 이야기하듯 '다르게 가겠다'고 선포한 순간 외로운 싸움이 시작되기 때문이다. 기존에 고객이 이해하고 있는 가치를 저버리고 새로운 가치를 안겨주어야 하기 때문에 자칫 실패할 가능성도 커진다. 그럼에도 불구하고 이 길을 기어이 가고자 결심하는 기업들은 지금껏 누구도 눈여겨보지 않았던 부분에 집중하거나 그것을 비틀어 새로운 가치를 부여하고 결국 그것을 자기들만의 고유한 가치로 만들어낸다.
 한 예로 구글의 경우 다른 포털 사이트와는 달리 첫 화면에 아무런 광고도 보이지 않는다. 백지상태에서 검색어를 바로 치고 들어갈 수 있도록 했다. 구글에서 이러한 결정을 내리기까지는 많은 고민이 있었을 것이다. 그러나 시간이 흐르면서 기존의 사용자들에게 익숙한 광고 화면을 모두 없애버리고 예전에 느끼지 못한 새로운 자유를 선물했다는 평가를 받게 되었다. 처음엔 어쩐지 어색한 느낌이 들었겠지만 유저들은 점점 느끼게 될 것이다. 복잡하게 눈을 어지럽히던 광고가 사라져서 너무 속 시원하다는 것을 말이다. 저자의 말을 빌리자면 "복잡한 물건들로 넘쳐나는 할인매장을 빠져나와 최고급 부티크 매장으로 들어가는 기분을 만끽하게" 된 것이다.

최근 '레트로'라는 복고 문화를 넘어 '뉴트로'라는 것이 유행이다. 말 그래도 복고의 것(Retro)과 현대의 것(New)을 결합한 방식을 뜻한다. 나와 같은 세대 사람들은 거의 모르지만 바로 윗세대들은 한 번쯤 들어봤을 법한 '곰표'라는 브랜드가 있다. 밀가루 브랜드로 곰 그림이 그려진 패키지가 익숙할 것이다. 오랫동안 '밀가루'를 만들어내는 브랜드로 인식이 되어 왔는데, 최근 뉴트로 방식을 이용한 새로운 마케팅이 눈에 띄었다. 한 온라인쇼핑몰과 결합하여 기존 '곰' 로고를 이용해 다양한 상품들을 제작한 것이다. 그린색 곰이 상징적이었던 곰표는 귀여운 곰의 이미지와 옷, 핸드크림, 과자, 맥주 등을 만들어 판매하기 시작했고 거의 완판이 되었다. 나도 언젠가 편의점에 들렀다가 곰표 맥주를 보고 "이거 디스플레이용이 아니라 파는 건가요?" 하고 물어본 적이 있다. 그러자 "네 그럼요. 아주 잘 팔려요. 그게 마지막이에요." 하는 대답이 돌아왔다.

  기존의 가치를 거부하고 다른 방식의 시도를 통해 새로운 가치를 만들어내는 역 브랜드. 또 사람들이 기존에 가지고 있는 인식을 뒤로하고 새로운 결합의 시도를 통해 전혀 다른 가치를 안겨주는 등의 '다른 생각'은 기존의 상품들이 가지고 있는 가치들을 과감하게 내려놓는 대신 새로운 가치를 만들어냄으로써 고객에게 완전히 다른 가치를 선물한다. 전에 느껴보지 못한 기분, 경험을 갖게 해줌으로써 '다른 생각'을 차별화된 가치로 만들어내는 것이다.

곰표 콜라보레이션 굿즈

이런 '다른 생각'들은 대체 누가, 어떻게 시작한 것일까? 남들이 생각해내지 못한 새로운 아이디어들은 정말 특별한 사람들의 전유물일까?

종종 나를 찾아와 '될 만한 상품은 어떻게 만들어지느냐'고 묻는 사람들이 있다. 그러나 나의 대답은 "글쎄요."다. 완판 성공률이 매우 높은 홈쇼핑 MD들은 기존에 있는 업체들과 초기 상품 기획부터 함께하기도 하는데, 이들조차도 소위 '대박 상품'을 만드는 일은 쉽지 않다고 입을 모아 이야기한다. 가끔 아주 생각지도 못한 것에서 대박이 터지기도 하는데, 그러한 상품 혹은 서비스에 대한 아이디어를 고안하는 것은 실은 오랜 노하우에서 오거나, 특별한 사람들이 가진 특별한 재주에서 오는 것은 아니기 때문이다.

당연하다고 생각한 것을 새롭게 보는 법

대한민국 1호 관점 디자이너라 불리는 박용후 저자의 《관점을 디자인하라》는 마케터로서 영감을 얻을 수 있는 많은 내용이 담겨 있다. 그런데 나는 비즈니스를 시작하는 모든 사람에게 이 책을 꼭 읽으라고 권하고 싶다. 우리는 '배달의민족'의 대성공을 보며 작은 기업에서 시작해 큰 성공을 이루는 꿈을 꾸고 또 부러워하지만, 그 시작은 사실 아주 작은 관점의 차이에서 출발했다는 사실에 더 주목해야 한다. 상품을 기획하는 것도 또 그것을 만들고 파는 것도 그 성패는 모두 관점의 차이에서 나뉜다. 결과가 탐탁지 않을 경우 '내가 열심히 안 해서 그런가?' '돈을 많이 안 들여서 그런가?' '상품이 별로인가?' 등을 생각하는데, 실제로 그런 이유들 때문일 수도 있지만 대부분은 방향을 잘못 잡았을 가능성이 크다. 박용후 저자의 말처럼 어떤 기업이 광고에 돈을 계속 쓰는데도 판매량이 늘지 않는다면 마케팅의 방향을 잘못 잡은 것이다. **효과적인 마케팅은 감성에 호소해 사람들의 마음을 움직이는 것이다. 사람들이 마음을 움직여야 상품을 사줄 것이기 때문이다.**

주변을 돌아보면 우리가 열광하거나 자주 애용하는 많은 상품이나 서비스들을 가만히 살펴보면 우리가 기존에 갖고 있던 생각의 틀을 깨뜨린 것인 경우가 많다. 우리의 마음을 어느 순간 훅하고 건드리고 또 파고 들어와 당연하다는 듯이 우리의 주머니를 열게 만든 상품들. 수많은 기업들이 이러한 상품을 기획하고 싶어 하고, 이 상품들로 대박을 이루고 싶어 한다.

그런데 명심하자. 이러한 상품의 기획은 바로 '다르게 보는 눈'에서 출발한다는 사실을 말이다. 성공을 위한 비즈니스에서 빼놓을 수 없는 여러 요소들을, 우리는 이 책을 통해 매우 쉽게 익혀나갈 것이다. 그런데 지금 누군가 사업을 시작하려 한다면, 혹은 사업을 이미 시작했다면, 그래서 새로운 상품을 개발하거나 혹 그것을 팔려는 단계에 놓여 있다면 우리의 관점을 점검해보자. 기존에 가진 생각 그대로 이것을 바라보고 있지는 않은가. 전혀 다른 생각으로 이것을 바라본 적은 있는가. 내가 정한 방향성이 과연 지루하지 않으며, 모든 사람들이 바라보는 시선 그대로를 갖고 바라본 채 내린 결론이 아닌가. 그리고 이런 관점을 바꿔보는 것은 모든 사업가와 마케터에겐 필수적이다. 계속해서 훈련해나가야 하며 그 훈련의 과정에서 소위 '대박'이라는 것이 나오기 마련이다. '지금 우리에겐 '다르게 보는 눈'이 필요하다.

• 관점 전환 사고법5 •

어떤 제품이
위대한 제품인가

"아무런 말이 필요 없는 제품이 위대한 제품이다."

스티브 잡스

늘 남다른 생각, 남다른 시도를 했던 스티브 잡스. 그의 별명은 '괴짜'였다. 쓸데없는 에너지를 낭비하기 싫어 똑같은 옷만 고집했을 정도로 일에 대한 그의 고집과 열정은 대단했다. "스마트폰은 한 손으로 조작이 가능해야 한다."는 신념 아래 '한 뼘 폰'을 고집했고, 제품은 가장 편리하면서도 가장 아름다워야 한다는 것. 즉 자신이 가진 심미안審美眼을 제품에 구현했다. 우리는 그를 '엔지니어이자 아티스트'라고 부른다.

  사업을 시작하는 사람들은 모두 스티브 잡스처럼 자신의 분야에서 한 획을 긋고자 한다. 혹은 이 정도 거창한 목표가 아니라 하더라도 어느 정도 성공을 거두고 싶어 한다. 오래도록 기억에 남는 전설적인 기업이 되거나 혹은 히트 상품 한두 개 정도는 반드시 가지고 있는 기업이 되거나 말이다. 물론 이 정도는 바라지도 않는다고 말하며, 그저 사업이 조금씩이라도 나아지기를 바라는 사람도 있다. 누구도 틀린 희망은 아니다. 그러나 그게 무엇이든 중요한 것은 결국 실패하지 않아야 하며, 퇴보하지 않아야 한다는 사실이다. 그러기 위해서 우리는 끝없이 고객의 니즈를 충족시킬 수 있는 상품을 만들어야 하며, 그것을 잘 팔아야 하며, 그로 인해 성과를 올려야만 한다.

**자신이 만든 상품에 자신이 생각하는 모든 아름다움을 담아낸
스티브 잡스의 아이폰**

이 당연한 사실을 알고 있으면서도 우리는 늘 실행 앞에서 주저하게 된다. 스티브 잡스처럼 앞을 향해 돌진할 수 있을 만큼 확신이 없어서일까. 어쩌면 그럴지도 모른다. 언젠가 "왜 무대 앞에만 서면 긴장이 될까요? 이걸 극복할 방법은 없을까요?"라고 물어온 사람에게 누군가 이런 명답을 해주는 것을 보았다. "누가 언제 어떤 질문을 해와도 줄줄줄 대답이 나올 만큼 철저하게 준비를 하면 됩니다." 사실, 우리는 얼마든지 준비할 수 있다. 스티브 잡스는 '말이 필요 없는' 제품을 만

들기 위해 얼마나 노력했을까. 사실 그는 밤에 잠을 자지 않고 하나의 제품에 몰두했다. 원하는 것을 만들어 내기까지 시도하고 또 시도하면서 말이다.

브라이언 트레이시가 말했듯 단번이 아니라 두 번, 혹은 세 번 혹은 그 이상을 시도하고 또 시도하면서 우리의 생각은 점점 더 몰입되고 성장한다. 그러한 생각 끝에 든 확신으로 제품을 만들기 때문에 위대한 것이 탄생할 수밖에 없다.

나는 이 말은 곧 '우리 모두가 스티브 잡스가 될 수 있다.'는 뜻으로 이해했으면 한다. 거짓말처럼 들릴지 모르지만 이는 사실이다. 단, 여기에는 돈을 좇기보다 고객을 충족시키기 위한 집요한 생각이 우선시된다는 전제가 따른다. 진정으로 돈을 벌고 싶다면 돈을 잊고 고객을 따라야 한다. 돈은 이기적인 사람에게 끌리지 않고, 문제를 해결하려는 사람에게 끌린다. 돈은 욕구를 충족시키고 가치를 창출하는 사람에게 끌린다. 욕구를 대규모로 해결하면 대규모의 돈이 끌려온다. 전 세계에 아이폰을 쓰는 인구수는 얼마인가. 그들은 결국 애플사에 "당신 회사가 내 욕구를 만족시켰다."라고 투표

해주는 것과 같다.

고객의 욕구를 어떻게 충족시켜줄 것인가

이번 달에 자신이 지출한 내역을 한번 살펴보자.

무엇이 있는가? 밥을 먹고 커피를 마시고 책을 사고 강의를 듣고 쇼핑을 했다. 이 행위를 통해 배고픔을 해결하고, 잠시 휴식을 취하고, 자기계발을 하고, 머리를 식히고 스트레스를 풀었다. **우리의 지출 내역에는 우리의 욕구를 충족하고 문제를 해결한 내용들이 수두룩하다. 그렇다면 상품을 팔아야 하는 우리는 어디에 초점을 맞춰야 할까?**

바로 위에서 말한 '배고픔' '휴식' '자기계발' '스트레스' 등의 문제를 해결해주기 위한 최선의 상품을 만들어야 하는 것이다. 즉 우리가 앞으로 만들어나가야 할 '위대한 제품'의 열쇠는 고객이 쥐고 있다. 여기서 위대한 제품이란 고객으로부터 '말이 필요 없는' 제품, 최상의 만족도를 느끼게 해줄 제품이어야 한다. 이런 제품을 만들기 위해 우리는 마케팅 사고법을 발동시켜야 한다.

위의 문제들을 해결해주기 위해 '내가 무엇을 할 수 있을까'가 아니라 '그들은 무엇을 원할까'를 생각하는 것이다. '나는 이걸 잘하는데 이걸 어떻게 팔까?' 하는 하수의 생각에서 벗어나 물건을 사줄 대상에게 집중해야 한다.

이 문제를 해결하기 위한 첫 번째 단계는 바로 '질문을 바꾸는 것'이다.

> 1) 내 상품은 그들을 편안하게 해주는가?
> 2) 내 상품은 그들의 어떤 부분을 만족시켜주는가?
> 3) 내 상품은 그들의 행복에 기여하는가?
> 4) 내 상품은 그들을 기분 좋게 해주는가?
> 5) 내 상품은 그들에게 긍정적인 영향을 미치는가?

이 질문에 대한 답을 토대로 내가 주고자 하는 가치에 초점을 맞춰 깊이, 더 깊이 상상하고 고민해보자.

스티브 잡스가 '한 뼘 폰'을 고집했다면 나는 무엇을 고집할 것인가? 말이 필요 없는 위대한 제품을 또 만들기 위해 기존의 상품과 다른 어떤 점들을 접목해볼 것인가? 어떤 관점에서 바라보고 어떤 색다른 것을 준비해볼 것인가? 여기에 대한 답이 꿈틀거리기 시작했다면, 조금 더 앞으로 나아가보자.

· 관점 전환 사고법6 ·

고객의 마음을 스토리와 콘텐츠로 매료시켜라

'배달의민족'에서 실행하는 이벤트들은 홍보문구만 봐도 요즘 말로 '빵' 터질 정도로 재미가 있다. B급 문화에서 가져온 다양한 요소들이 더 소소하고 재미난 이벤트들을 만들어낼뿐더러 그것을 홍보하는 문구 또한 어찌나 위트가 넘치는지. 물론 그 이벤트의 재미 때문에 배민을 통해 더 많은 음식을 시켜먹는 건 아니다. 하지만 이런 콘텐츠들은 이 회사는 재미있는 회사, 우리를 속이지 않을 회사, 배달음식을 먹는 서민들의 마음을 잘 이해하고 있는 곳이라는 브랜드 이미지를 새겨

넣는 데에는 확실한 역할을 한다.

우리가 아는 좋은 상품, 괜찮은 상품들은 그것을 만든 회사나 사람, 혹은 상품에 대한 히스토리가 어느 순간 우리의 마음에 새겨져 있다. 그리고 해당 기업은 그 이미지를 우리의 마음에 심기 위해 다양한 전략을 사용했을 것이다. 상품을 기획할 때부터 판매하는 것까지…. 모든 과정을 통해 어떻게 하면 고객의 마음을 사로잡을 수 있을까, 어떻게 하면 고객이 '내가 이미 원하고 있었던 건데 어떻게 알았지?' 하는 마음이 들게 만들 수 있을까를 고민한다. 우리가 소위 '마케팅을 잘한다'고 하는 기업들은 고객의 입장에서 어떠한 스토리, 어떠한 콘텐츠를 통해 브랜딩을 할 것인가에 가장 많은 시간을 투여한다고 해도 과언이 아니다.

내 수업을 들으러 오는 많은 CEO들이 온라인(소셜 미디어) 마케팅 전반에 대한 고민을 안고 온다. 도대체 어디서부터 어떻게 시작해야 할지 모르겠으며, 온라인 마케팅 실패로 인해 매출이 오르고 있지 않다고 토로하는 것이다. 그런데 나는 이 고민에 대해 곧장 온라인 마케팅 실전으로 답하지 않는다. 결국 우리가 소셜미디어를 하는 것은 비즈니스를 하기 위해서이기 때문에, 비즈니스의 핵심 요소인 공급자와 소비자의 본질에 대해 이해하지 않는다면 아무리 열심히 팔로우 수를 올리고 많은 콘텐츠를 만들어 올린다 하더라도 그것은 그냥 'SNS 활동'에 그칠 뿐이다.

우리는 소셜미디어를 위해 소셜미디어 활동을 하지 않는다. **우리의 목적은 비즈니스의 성공이다. 비즈니스를 성공적으로 이끌기 위해 소셜미디어라는 도구를 활용하는 것이 핵심이다.** 활용하되 잘해야 한다. 앞서 말했듯 기업의 좋은 이미지, 기업이 추구하는 방향을 고객에게 각인시키기 위한 활동, 기업이 팔고자 하는 상품이 고객의 니즈를 충족시킬 거라는 확신을 주기 위한 활동으로써 소셜미디어를 해야 하는 것이다. 그러나 우리는 자주 이 사실을 잊곤 한다. 그래서 위와 같은 '오, 이건 괜찮은 상품이다.' '이 기업의 제품을 사고 싶다.'는 이미지를 심어주지 못하고, 일회성의 콘텐츠로 마감하고 마는 것이다. 엄밀히 말해 이는 SNS 활동이지 마케팅 전략의 실행이라고 보기는 힘들다.

고객은 어떤 콘텐츠를 원하는가

비즈니스에는 공급자와 소비자가 존재한다. 공급자만 있는 비즈니스, 소비자만 있는 비즈니스는 존재할 수 없다. 그렇다면 공급자는 누구를 위해서 소셜미디어를 활용하는가? 바로 소비자를 위해서다. 그리고 그 소통의 중심에는 무엇이 있는가? 바로 콘텐츠가 있다. 즉, 공급자인 우리는 우리의 기업을 위해서가 아니라(우리의 기업이 얼마나 열심히 마케팅을 하고 있는지를 보여주기 위해서가 아니라) 소비자인 고객을 위해서 소셜미디어 활동을 하며, 그 활동은 콘텐츠를 통해서 하게 된다. 따라서 이 공급자와 소비자의 소통 경로인 콘텐츠는 오롯이 고객을 위한 것이어야 한다.

내가 이 부분을 이렇게 지나칠 정도로 세세히 풀어 쓰는 이유는 간단하다. 대부분 여기에 대한 큰 오해를 하고 있기 때문이다. 우리가 매력적인 콘텐츠라고 부르는 것은 소비자를 매료시키고 마음을 움직이는 콘텐츠이지, 콘텐츠 자체가 그럴 듯하고 멋있는 것을 의미하지 않는다. 아무리 잘 쓴 콘텐츠, 잘 꾸며진 콘텐츠라도 독자들이 외면한다면 그것은 최악의 콘텐츠가 될 뿐이다. 콘텐츠를 만드는 기술 수준이 1부터 100까지 있는 게 아니다. 적어도 내가 아는 바로는 거기서 거기다. 아무리 화려하게, 질 좋은 콘텐츠를 만들어도 1에서 100까지 격차가 나진 않는다는 소리다.

좋은 콘텐츠, 고객을 매료시키는 콘텐츠를 만들기 위해서 우리는 나의 고객을 충족시키기 위해서 무엇이 필요한지를 먼저 점검해야 한다. 여러 차례의 시도를 거쳐서라도 나의 고객에게 잘 맞는 콘텐츠를 찾아내는 것이 소셜미디어를 성공적으로 활용하는 열쇠다. 나는 이 책을 읽는 독자들이 그 열쇠를 발견하게 하기 위한 몇 가지 가이드를 주려고 한다. 이것은 내가 수업 때 늘 강조하는 방법이며, 이 책의 뒷부분에서 좀 더 구체적으로 이야기하겠지만 여기선 간단하게 정리해보도록 하겠다.

1) 나는 누구인가? 나는 무슨 일을 하는가? 사업을 하는 나는 무엇을 추구하며, 무슨 일을 하는 사람인가?
2) 나의 고객은 누구인가? 고객에 대해 얼마나 많이 알고 있는가?

3) 내 고객의 이동 경로는 어떻게 되는가?
4) 기존 고객을 최우선시하고 있는가?
5) 고객 감동을 위해서 나는 무엇을 나눌 수 있는가?

1번은 콘텐츠를 만들 때 나의 정체성, 나의 전문성, 나의 스토리가 들어가도록 하라는 뜻이다. 2번은 내 고객이 누구인지 고객에 대해 얼마나 알고 있는지를 점검하는 것으로, 곧 고객의 니즈를 확인하라는 것이다. 고객의 니즈를 파악하려면 고객에 대한 이해가 필수인데, 고객의 니즈를 정확히 담은 콘텐츠를 만들기 위해서는 나의 고객이 누구인지 구체적으로 알고 있어야 한다. '대한민국 누구나' '30대 누구나' '30대 여성 누구나'는 각각 너무나 다른 콘텐츠를 만들어낸다.

3번은, **나의 고객들은 어떻게 해서 우리 SNS로 유입되는가? 어떤 검색어를 쳐서, 어떤 해시태그를 통해, 어떤 인스타그램을 타서 나에게 건너오는가? 어떻게 우리 물건을 구입하는가? 하는 것을 알아야 한다는 것이다. 이를 세세하게 안다면 콘텐츠는 곧 성과(매출)로 이어진다.**

그리고 4번. 많은 초보 사업가들이 신규를 찾기 위해 혈안이다. 그런데 그 사실을 아는가? 진짜 세일즈의 고수는 절대 한 번 내게 온 고객을 놓치지 않는다는 사실을. 한 번 구매한 사람에게 물건을 다시 팔 확률은 50%인데 신규를 찾아 판매를 하려면 그보다 훨씬 낮은 확률이 적용된다. 따라서 기존 고객에게 감동을 줄 수 있는 콘텐츠를 만드는 데 신경 써야 한다. 즉 콘텐츠를 만들 때 '어떻게 하면 팔로워를 늘리지?'가 아닌 **'어떻게 하면 소중한 100명의 내 팔로워들을 감동시키지?'** 하는 질문을 던지라는 뜻이다. 그것이 매출을 더 빨리 올리는 길이다.

마지막 5번. 새로운 고객뿐 아니라 기존 고객까지 진심으로 감동시키고자 하는 마음, 그들을 최우선시하는 마음을 가져야 한다. 특히 **기존 고객에 대한 감사로서 확실한 베네핏을 주는 것은 충성 고객을 만들어 사업을 확장하는 데 큰 영향을 미친다.** 진정성. 이 마음을 잊지 않는다면 회사는 크게 흔들리지 않는다.

지금껏 설명한 내용 중 주목해야 할 것은 바로 1번에만 '나'가 존재하고 나머지는 모두 고객에 초점이 맞취져 있다는 사실이다. 다시 말해, 공급자와 소비자의 본질을 이해하고 소셜미디어를 보라는 것이다. 우리는 소비자를 어떤 콘텐츠로 묶어둘 것인지를 찾아내는 데 집중해야 한다.

모르겠으면 고객에게 물어라

매력적인 콘텐츠를 만들기 위한 위의 다섯 가지 질문은 비즈니스 모델이 바뀌어도, 팔기 위한 상품이 바뀌어도 변함없이 적용된다. 특히 3~5번은 자주 보면서 무궁무진한 아이디어를 떠올려보자. 아마도 아이디어가 끝이 안 난다는 걸 느낄 것이다. 고객의 유형, 상품 종류가 바뀔 때마다 계속해서 쏟아져 나올 것이다.

그래도 잘 모르겠다면, 이제 우리는 오직 고객만 보며 가기로 했으니 그 답을 가진 고객에게 직접 물어보자. 그러면 신기하게도 고객은 자신이 원하는 것을 줄줄 읊어준다. "이런 걸 써줬으면 좋겠어요." "이거 올려주면 안 되나요?" 등등. 이것을 파악해 콘텐츠를 만든다면 고객들의 반응은 어떨까? 대답은 굳이 할 필요도 없을 것이다.

콘텐츠를 만드는 데 있어 나의 주관은 사실 중요치 않다. 계속 강조하지만 우리가 소셜미디어를 활용하는 목적은 비즈니스의 성공을 위해서다. 절대 자기만족을 위함이 아니라는 사실을 명심하고 첫 번째도, 두 번째도 오직 고객을 중심으로 콘텐츠를 만들자. 아직도 헷갈린다면 다음 질문에 대한 답을 적어보는 것이 큰 도움이 될 것이다. 이 질문에 대한 답변들은 큰 인사이트를 일으킴과 동시에 답을 쓰는 과정에서 콘텐츠의 방향이 거의 다 나온다. **마케팅은 답을 찾는 게 아니라 인사이트를 얻어가는 게임이다.** 이 질문에 대해 최선의 답을 찾는 과정에서 생각의 전환이 일어나고, 싱그러운 아이디어가 떠오르기를 바란다.

---

1) 내 상품(서비스)를 누가 살 것인가?
2) 누가 우리의 가장 중요한 고객인가?
3) 나의 가치를 가장 필요로 하는 사람은 누구인가?
4) 내 고객은 어떠한 문제를 겪고 있는가?
5) 고객에게 어떤 가치를 전달하고 싶은가?
6) 고객의 어떤 문제를 우리가 해결할 수 있을까?
7) 고객의 어떤 요구를 우리가 만족시킬 수 있을까?

• 관점 전환 사고법7 •

고객은 꼭 필요한 것만 사지 않는다

모든 고객은 자신이 '합리적인 소비'를 했다고 믿고 싶어 한다. 어떤 식으로든 고객을 만족시켜야 하는 이유는 여기에서 다시 한번 확인할 수 있다. 충분한 만족감은 합리적 소비에 대한 확신을 커지게 만들 뿐 아니라 다음 소비로 이어지게 한다. 삶의 수준이 높아진 현대 사회에서 충분한 만족감이란 욕구의 매우 중요한 부분 중 하나를 담당한다. 합리적 소비를 통한 즐거움은 삶에 큰 활력이 된다는 뜻이다. 스트레스 해소는 물론 다른 부분에 긍정적 영향을 미치는 요소가 될 수 있다. 기업이 고객을 만족시킨다는 것은 상품 하나를 잘 만든다는 의미를 넘어서는 매우 중요한 가치를 지닌다는 뜻이다.

그런데 여기서 '합리적'이라는 말에 주목할 필요가 있다. 누구도 이 '합리적'이라는 말을 성급하게 일반화하여 말하기는 힘들다. 이는 개인이 처한 상황에 따라 매우 주관적이기 때문이다. 누군가 '지금 꼭 필요한 물건, 없어서는 안 될 물건, 지금 형편에 딱 맞는 가장 알맞은 가격에 해당하는 물건을 적시에 구입하는 것이 합리적 소비'라고 명명한다면 이 세상의 수많은 기업들이 문을 닫아야 할 것이다. 우리는 때때로 매우 불필요한 것들을 충분히 소비한다.

《모든 비즈니스는 브랜딩이다》를 쓴 홍성태 저자는 이를 중심요소와 주변요소로 분리하여 설명한다.

중심요소 = 필요를 충족시킨다.
주변요소 = 욕구를 충족시킨다.

20세기의 마케팅 키워드가 중심요소인 '니즈(needs)'였다면 21세기의 키워드는 주변요소인 '원츠(wants)'다. 필요가 아닌 욕구에 의해 소비를 하는 시대가 된 것이다. 우리가 인스타그램이나 페이스북, 유튜브를 통해 숱하게 접하는 상품이나 서비스는 사실 따져보면 지금 당장 없어도 될 것이 대부분이다. 현재의 모든 마케팅은 실제로 고객에게 필요하진 않지만 갖고 싶고 해보고 싶다는 욕구를 자극하고 충족시킨다. 이 욕구가 무엇인지 이해한다면 우리는 훨씬 더 고객에게 가까이 갈 수 있을 것이다. 잘 팔릴지 안 팔릴지는 고객의 이러한 욕구를 파악했을 때 조금이나마 더 확정적으로 이해할 수 있다. 그러면 지금부터 그 욕구들에 대해 이야기해 보도록 하자.

우리는 이것을 원한다

나도 한때는 패션에 굉장히 관심이 많았는데, 내 주변에는 유난히 패션에 관심이 높은 사람들이 많다. 그들의 소비 패턴을 가만히 보면 매우 '비' 실용적이다.

가방, 시계, 향수, 신발, 넥타이 등을 모으는 **콜렉터들은 그것을 결코 한 번도 하고 다니는 일이 없다 하더라도 가격에 상관없이 갖고 싶은 것은 꼭 소장하려는 욕구를 지닌다.** 이것을 소장함으로써 얻게 되는 심리적 변화에는 여러 가지가 있는데 특별함의 욕구, 특별한 콜렉션을 한 나의 특별함을 과시하려는 욕구가 매우 강함을 볼 수 있다. 자신의 부, 지위, 특별한 취미를 과시하고 싶은 욕구도 포함된다. 이런 욕구는 가격 저항선을 무너뜨린다는 점에서 매우 매력적이다. 그런 고객들을 만족시키기 위해서는 더 특별한 상품을 만드는 것이 중요하지, 더 저렴한 상품을 만드는 건 의미가 없다.

또 **개성을 표현하고 정서적인 만족감을 얻고자 하는 욕구도 매우 크다.** 이러한 욕구는 '편리함'의 장벽을 무너뜨린다. 스마트폰이 출시된 이후 그 무엇보다 가장 정확한 시계는 바로 스마트폰의 배경화면에 뜨는 시계가 되었다. 또 현재 출시되는 스마트폰은 그 어떤 카메라보다 좋은 화질을 자랑하며, 어떤 앱들은 수동카메라로 찍은 것보다 더 멋진 샷을 뽑아내기도 한다. 그럼에도 불구하고 왜 굳이 불편하고 태엽까지 감아야 하는 수동 명품 시계를 구입하며, 무겁고 관리도 힘든 카메라를 구입하는 걸까? 그것도 여러 개씩. 그것을 사용하는 혹은 구입하는 자신의 정서적인 욕구를 만족시키기 위해서다. 그들에게는 실용적인 상품이 별로 의미가 없다.

또 기쁨을 주고자 하는 욕구도 인간의 비합리적인 욕구에 해당한다. 해마다 몽블랑이나 스와로브스키의 판매량은 개인이 자신을 위해 구입하는 것만큼이나 '선물용'으로도 많이 판매된다. 성인의 날에 팔리는 주얼리, 고가의 만년필이나 지포 라이터, 연인에게 주고 싶은 아름다운 보석 등은 누군가에게 기쁨을 안겨주고 싶은 인간의 욕구를 자극한다. 욕구를 채워주고자 하는 상품은 선물할 사람에게도 그 선물을 받을 사람에게도 큰 만족감을 안겨줄 수 있는 상품이면 된다. 우리는 타인을 기쁘게 하기 위해 소비를 한다는 점을 기억하자.

잘 팔리는 상품은 결코 어떤 한계에 갇히지 않는다. '청소도구는 매일 쓰고 더러워지는 거니까 싸고 튼튼한 걸 원할 거야. 머리 하나 말리는 데 뭐 그렇게 좋은 드라이기가 필요하겠어? 구두는 소모품이니까 질기고

실용적이면 돼!'

 이러한 생각들은 다 누구를 위한 것인가?

 물론 언제나 고객의 니즈는 중요하다. 그러나 그 '니즈'는 오늘날의 '원츠' 안에 포함된다. 필요하면서도 욕구를 충족시키는, 아니 욕구를 충족시킴으로써 '필요한 것을 샀다.'고 느끼게 만드는 마케팅. 그것이 우리에게 필요하다. 당장 우리 카드 내역서만 보아도 알 수 있지 않은가.

• 관점 전환 사고법8 •

까다로운 고객이 명품을 만들어낸다

'고객의 짜증에 성공의 답이 있다.'

박용후_《관점을 디자인하라》중에서

이 문구를 보며 무릎을 친 기억이 있다. 나 역시 기억을 더듬어보면 가장 성장을 했던 때가 바로 헛다리를 짚으며 여러 차례 실패를 거듭했을 때다. 즉 마케팅을 하는 내 입장에서는 내가 하는 마케팅이 결코 고객을 움직이지 못할 때, 분명 나는 한다고 했는데 고객은 움직일 생각은커녕 대체 "이게 뭐냐!"고 불평을 해올 경우 골머리를 싸매게 된다.

그때부턴 진짜 고민의 시간이 시작되는 것이다. 그리고 그 고민의 끝에는 항상 다음 스텝을 밟을 수 있는 커다란 답이 존재한다는 걸 깨닫곤 했다. 강의나 컨설팅 역시 고객이 먼저 "개선해달라."고 요청하는 내용에 귀를 기울였을 때 비로소 나의 장단점을 정확하게 파악하고 훨씬 나은 방향으로 업그레이드할 수 있었다.

단 한 사람이라 하더라도 내가 만든 상품에 짜증을 내고, 불평을 하고, 까다롭게 군다면 그 고객에게 깊이 감사하라. 거기에 진정성을 갖고 귀를 기울이지 않는다면 우리의 성공은 불투명하다. 성장은 쓰디쓴 지적 앞에 더욱 확실하게 고개를 내민다는 사실을 아마 나보다 훨씬 먼저 성공을 거둔 모든 사람들은 이미 알고도 남은 일일 것이다.

그러나 이 이야기를 여기서 또 거듭하는 이유는 나를 포함 우리 모두가 성공을 향해 열심히 걸어가고 있기 때문이다. 우리는 이 장에서 우리가 만들 상품을 반드시 '잘 팔리는 상품'으로 만들어야만 한다. 그러기 위해서 우리의 상품에 적용해야 하는 확실한 법칙을 익히고 지나가야 한다. 그 마지막이 바로 이 부분, **까다로운 고객의 소리에 귀를 기울여야 한다**는 것이다. 마케팅에는 답이 없지만 고객에게는 답이 있다. 특히 까다로운 고객은 분명 더 나은 상품, 잘 팔리는 상품이 무엇인지에 대한 답을 가지고 있다.

내가 이기는 고객이 아닌 나를 이기는 고객을 선택하라

어릴 때 친구들은 삼삼오오 단짝을 이루어 자라기 마련인데, 절대 자신보다 나은 사람을 친구로 삼지 않는 경우가 있다. 그들은 친구와 함께 다니면서 자신이 더 외모도 낫고 공부도 잘하고 재주도 좋은 사람으로 보이는 것에 대해 뿌듯함을 느낀다. 그러나 시간이 많이 흐른 후 그는 상대 친구보다 훨씬 덜 성장해 있다는 사실을 깨닫게 된다. 성장해야 할 이유와 자극이 많지 않았을 게 뻔하기 때문이다.

비교와 경쟁, 불평에 대한 불편함은 힘겨운 감정임에는 분명하다. 그러나 그것은 성장에 있어서는 매우 좋은 자극이며, 동력이 된다. 특히 **마케팅에 있어 고객은 공급자와 수요자를 넘어 떼려야 뗄 수 없는 동반 관계로 볼 때 고객은 반드시 공급자보다 나은 사람들이어야 한다.** 즉, 우리가 제품을 만들고 마케팅을 할 때 우리의 제품을 무조건 믿고 사줄 사람들은 고객으로 삼지 말라는 것이다. "너무 좋아요." "만족합니다." "진짜 좋네요." 하고 말해주는 사람 중 두 번, 세 번 발걸음을 해주는 사람도 있지만 그 이후로 발길을 뚝 끊는 사람들도 분명히 존재할 것이다. 그러나 **우리가 잡을 수 있는 더욱 확실한 고객은 "마음에 안 든다."고 말한 부분을 우리가 보완했을 때 그것에 감동을 느끼는 고객이다.**

우리가 적당한 물건과 서비스로 넘어오게 만들 수 있는 고객은 단기적으로는 우리에게 이익을 안겨줄지 모르지만, 언젠가는 우리를 떠나 더 나은 상품이 생기면 곧바로 가버릴 고객이다. 그들은 우리와 함께하고자 하는 의지가 소위 까다로운 고객보다 덜할 수도 있다. 물론, 충성스럽고 우리의 상품을 사랑해주는 고객은 감사할 따름이다. 다만 우리가 외면하고 싶은, 불편하고 까다로운 고객에게 우리는 관심을 집중하고 그들의 말에 귀를 기울여야 한다는 것을 말하고 싶은 것이다. 그들은 두 번 다시 우리를 찾아오지 않을 수도 있지만 그렇다 하더라도 우리는 그 일을 교훈 삼아 한 발 더 나아갈 수 있다. 이 장의 제목처럼 그 한 발, 한 발이 우리의 상품을 명품으로 만들어갈 것이 분명하다.

우리의 손을 쉽게 들어주는 고객을 확보했다고 해서 승리감을 느끼기엔 이르다. 우리가 해나갈 비즈니스의 여정은 길고도 멀다. 그 모든 과정에서 우리를 성공으로 이끌어줄 고객은 우리의 상품을 명품으로 만들어줄 고객, 즉 **<u>우리를 성장시켜주는 고객</u>**이다. 끊임없이 우리의 생각과 마음을 자극하고, 잘한 부분보다 부족한 부분을 들여다보게 만드는 고객. 자꾸만 더 나은 것을 갈구하게 만드는 고객. 그들이 우리를 성공으로 안내할 것임을 잊지 말자.

• 관점 전환 사고법9 •

가능한 한 많은 사람의 마음을 움직여라

 비즈니스와 삶의 교본처럼 몇 번이나 반복해서 읽으며 메모했던 책이 바로 엠제이 드마코의 《부의 추월차선》이다. 이 책에 보면 '영향력의 법칙'이라는 게 나오는데, 이는 곧 부의 법칙에 해당한다. 이 영향력의 법칙에 따르면 우리가 얼마나 많은 인생에 영향을 미치는가에 따라서 더 부자가 된다고 한다. 즉 수백만 명에게 영향을 미치면 수백만 달러를 번다는 얘기다.

당신은 얼마나 많은 사람의 마음을 움직여 보았는가?

당신의 일, 당신의 자산, 당신의 작품으로 이득을 본 사람은 누구인가?
당신은 그동안 어떤 문제를 해결해 왔는가?
당신은 사회적으로 어떤 가치를 갖고 있는가?

이 질문은 곧 내가 이루게 될 부와 일치한다. 지금 내가 이룬 부는 곧 내가 스스로 증명한 가치의 양이다. 내 삶의 목표가 다른 사람의 성공에 있다면 다른 사람의 성공을 이룬 만큼 나도 부를 쌓을 수 있을 것이다. 우리는 사업을 통해 부를 축적하고 싶어 하지만, 누군가에게 영향을 미치지 못한다면 부를 쌓을 수 없다. 아무리 좋은 상품을 만들어도 그것이 누군가의 마음을 움직이고, 그들의 삶에 영향을 미치지 못한다면 결코 우리에게 돈으로 환산되어 돌아오지는 않는다는 뜻이다. 이를 조금 더 강하게 바꾸어 말하면(나는 부정적인 말을 하는 걸 싫어하지만 강력한 동기부여를 위해 이야기하자면), 지금 우리가 가난하거나 나의 통장이 언제 '텅장(텅빈 통장)'이 될지 몰라 걱정하고 있다면, 그것은 우리가 누군가에게 영향을 미치지 못하고 있다는 증거다.

열심히 일하고 있는데 매출이 오르지 않는다면 우리의 전략이 혹은 우리의 상품이 고객을 움직이고 있지 않다는 뜻이다. 그땐 처음으로 다시 돌아가야 한다. 그리고 사람들의 마음을 움직일 방법을 다시 찾아야 한다.

그렇다면 **어떻게 사람들의 마음을 움직일 수 있을까? 그들에게 어떻게 영향력을 미칠 수 있을까? 열심히 노력해서 만든 상품과 서비스로 그들을 기쁘게 해줄 방법은 무엇일까?**

고객의 마음을 움직이는 3가지 원칙

좋은 상품에 착한 가격까지 제시하는데도 냉정하던 사람들이, 참 아이러니하게도 **자신에게 특별한 가치를 선물하는 상품과 서비스에 대해서는 값을 따지지 않는 무모함을 보인다.** 그 가치는 모든 사람에게 제각각 다르겠지만 어쨌든 스스로 판단하여 "내게 가치 없다." 싶은 것은 선택하지 않을 것은 분명하다. 이때 우리는 그들이 나에게서 사야 할 이유를 제공해야 한다. 그들에게 내가 주는 것이 너에게 가장 가치가 있다고 느끼도록 해주어야 한다. 생각해보면 이 세상에 얼마나 좋은 물건들이 넘쳐나는가. 6개월 동안 열심히 노력해서 만들었는데도 비슷하거나 혹은 더 나은 상품이 같은 시기에 수두룩하게 쏟아져나올 때 느끼는 허망감이란 이루 말할 수가 없다. "이 제품은 다른 것과 이런 부분에서 분명히 차이가 있다니까요!!"라고 아무리 우겨봤자 늦었다.

즉, 답은 상품이나 서비스 자체에 있지 않다. 그들에게 이유를 부여하고 충분히 마음을 움직여야 하는데, 이때 고객을 설득하는 방법에는 여러 가지가 있겠지만 나는 이번 장에선 크게 세 가지로 정리해볼까 한다. **독자적 가치, 공감, 그리고 진정성**이 그것이다.

여기서 **독자적 가치란 USP(Unique Selling Proposition)으로 '우리만이 가진 무엇'이다.** 이것은 우리가 고객과 형성하고 있는 특별한 관계가 될 수도 있고, 기업을 운영하는 대표자 자신이 될 수도 있다(나는 자주 그 회사의 대표 이미지로 인해 그 제품을 구입하곤 한다). 따라서 상품과 서비스를 업그레이드시키는 것도 물론 중요하겠지만 고객이 우리 회사나 가게를 선택해야만 하는 독자적인 가치가 무엇인지 그것을 진지하게 고민해봐야 한다.

다음은 '공감'이다. "취미가 같은 사람은 세 배 더 빨리 친해진다."는 말이 있다. 앞에서 우리는 비즈니스 모델 캔버스를 해보면서 마케팅이란 곧 '고객과 내가 어떻게 만나 어떤 관계를 구축할 것인가'에 대한 것이라고 이야기했다. 《고객님이 팔로잉하셨습니다》의 저자 후지무라 마사히로는 자신의 책에서 **관계 구축에 있어 핵심은 바로 '공감'**이라고 거듭 강조한다. 같은 취미를 가진 사람이 훨씬 빨리 가까워지듯 서로 통하는 게 있으면 그만큼 친해지는 데는 가속도가 붙는다.

고객과 가까워지는 법은 무엇인가

고객과 내 회사 혹은 내가 공감할 수 있는 게 뭔지 찾고 그걸 자꾸 노출해줘라. 그게 바로 마케팅이다. 마케팅은 곧 성과로 이어진다.

마지막은 바로 '진정성'이다. 세상이 변하면 가치도 변하고 고객의 마음도 갈대처럼 흔들리기 마련이지만,

누군가에게 여전히 상품과 서비스를 제공해야 할 기업에 있어 지켜야 할 절대 원칙, 그것이 바로 진정성이다. 수많은 기업이 좋은 기술, 더 나은 디자인, 편리한 서비스를 제공하지만 어떤 기업은 성공하고 어떤 기업은 실패하는 이유가 뭘까. 진정성이 결여되어서 그렇다.

한 번 고객이 되면 떠나지 않는 비결은 '진정성'

'머리부터 발끝까지 스타일난다'는 이름으로 로레알에 6천억 원을 받고 매각한 '스타일난다' 여성 의류 쇼핑몰은 초창기부터 많은 여성의 마음을 사로잡았다. 옷값이 특별히 싼 것도 아니었고, 옷 역시 일부를 제외하고는 대부분 동대문이나 해외 마켓에서 사와 모델에게

입혀 파는 일반적인 방식이었다. 후에는 발색력이 뛰어난 화장품으로 큰 인기를 끌기도 했다. 연예인들도 이곳의 화장품을 쓰고 어떤 고객은 이 사이트에서 수백만 원이 넘는 옷을 구매하기도 했다.

의류 사이트는 성공 경험이 재구매로 이어진다. 이곳에서 한 번 구매해서 입어보니 나와 잘 맞고 생각보다 예쁘다고 여겨지면 그 사이트에서 선별해주는 옷이 나에게 잘 어울린다고 생각하게 된다. 스타일난다에서 코디하여 제시하는 옷들은 평범한 스타일보다는 멋을 좀 부릴 줄 아는 사람, 멋 부리기 좋아하는 사람으로 여겨지게 만드는 스타일을 추구하면서 평소 멋 부리기에 주저했던 소심한 여성부터 멋에서 지기 싫은 여성들의 마음까지 모두 사로잡았다.

하지만 스타일이 좋은 쇼핑몰 역시 많이 있다. 여기서 또 하나의 차별성은 대표자가 직접 남기는 답변이었다. 여기저기 인터뷰에도 나오지만 대표는 일관성 있는 모습으로 고객이 남기는 모든 후기에 일일이 답변하고, 또 감사의 마음을 전했다. 사이트에서 한 번이라도 상품을 구매한 적이 있는 모든 사람을 하나의 커뮤니티로 묶어 가족처럼 여긴 것이다. 나중에 출간한 책 속에도 자필로 쓴 감사의 편지를 넣는 일을 잊지 않았다.

《장사의 신》으로 국내에 잘 알려진 이자카야의 신 우노 다카시는 비바람이 몰아치는 날 직원들을 일찍 돌려보내며 "에이, 오늘 한두 명밖에 손님이 안 왔어."라고 말하는 사장을 하수라고 말한다. 대신 "이렇게 궂은 날씨에도 두 분이나 가게를 찾아오다니 뭘 더 해드려야 할까."라고 말하는 사장의 가게는 다르다.

우리가 가진 진정성을 통해 자신이 특별한 고객이라고 느끼게 만들어라. 오직 그 사람만을 위해 내 모든 정성을 쏟았음을 느끼게 하라. 또 **'우리의 고객을 특별하게 만들어줄 가치는 뭘까? 우리는 어떤 메시지를 담아 상품을 제공하며, 또 그들에게 어떻게 특별하다는 느낌을 안겨줄 수 있을까?'**를 늘 고민하라. 여기서 가치는 곧 상품의 '메시지'다. 기쁨, 행복, 설렘, 인정, 아늑함, 안정감, 감사, 특별함, 고귀함, 소중함…. 자신이 받은 서비스와 상품을 통해 그것 이상의 가치를 얻었다고 느낀다면 그들은 결코 우리를 떠나지 않을 것이다.

관점 전환 사고법10

고객을 바라보는 방법은 단 하나, 진정성이다

 예전에 한 치과를 컨설팅한 적이 있다. 네이버 광고를 통해 많은 고객이 유입되도록 세팅을 했지만 어쩐지 매출이 잘 오르지 않았다. 고객이 적게 오는 것도 아니었다. 그런데도 매출에 큰 변동이 없기에 하루는 치과에 문을 열기도 전에 가서 자리를 잡고 앉아 관찰을 해보았다. 치과가 문을 열고 손님들이 오기 시작했다. 나는 카운트 앞 한곳에 앉아 손님이 들어오기를 기다리고 있었다. 그리고 첫 손님의 등장. 그런데 그 순간, 나는 바로 이유가 보였다. 매출이 오르지 않는 이유 말이다.

프런트에 앉아 있는 직원들의 응대 태도는 마케팅 툴을 통한 일시적 유입으로 온 손님들을 이탈하게 만드는 큰 요인이었다. "여기 빈칸 채우세요." 직원들은 인사도 제대로 하지 않고, 무표정한 모습으로 손님을 맞았고 그들이 빈칸을 제대로 못 채우면 "여기도 채우세요." 하고 퉁명스럽게 대응했다. 그들이 더 깊은 고객 상담으로 들어가면 어떻게 대할지 뻔했다.

온라인 툴을 이용하면 일시적으로 고객을 유치할 수는 있다. 그러나 그 고객을 잡는 것은 결국 기업의 몫이다. 많은 회사가 자체적으로 어떤 문제를 안고 있는지 알지 못한 채 마케팅 회사만 바꾸려고 시도한다. 하지만 매출의 제자리걸음은 반복될 수밖에 없다. **직원들의 응대 태도는 치과를 찾는 고객에 대해 전혀 이해하지 못하는 데서 출발한다.** 치과를 찾는 사람들은 대부분 두려움을 안고 있다(치과를 가벼운 발걸음으로 가는 사람은 없을 것이다). 치료 자체에 고통이 많이 따르기에 힘들기도 하고, 초진의 경우 진료비에 대한 부담감도 클 것이다.

그들의 고통에 대한 두려움을 덜어주고, 진료비에 대해서도 최대한 세심하게 배려하는 태도로 대응한다면 그 치과를 찾지 않을 이유는 없다. 잘 되는 병원과 아닌 병원은 의사의 실력에서 큰 차이가 나지 않아도 매출에서 이미 엄청난 차이를 보인다. 고객에 대한 이해는 기업이 제공하는 모든 제품과 서비스에서 차별성을 가져다준다. 고민의 방향이 이미 달라지기 때문이다. 내 고객의 특성을 제대로 이해한다면 한 번 유입된 고객을 반드시 지속적인 고객으로 유지할 수 있다. 병원은 특히 그렇다. 한 번 간 병원에 대부분 다시 가게 되고, 그 병원에 강한 신뢰감을 형성하고 좋은 이미지를 가질수록 평생 병원으로 삼게 된다. 주변에 자연스럽게 소문을 내는 것은 물론이다.

이 공식은 병원뿐 아니라 다른 모든 비즈니스에 해당하는 사실이다. 우리는 흔히 '단골'을 잡고 싶어 하는데, 그러기 위해서는 지속적으로 가치를 느낄 수 있도록 해줘야 한다. 단골이 되는 고객들의 특성을 파악해 보면 우리 회사 제품이나 서비스의 어떤 점에서 만족을 느끼는지 잘 알 수 있다.

고객을 만족시키기 위한 가장 쉬운 방법은 고객에게 물어보는 것이다. 그리고 고객을 아무리 많이 유입을 시켜도 유지를 하지 못하면 기업은 지속 성장하지 못한다. 고객생애가치(CLV : Customer Lifetime Value)라는 말이 있는데, 누군가가 어느 기업의 고객으로 머무는 기간 동안 창출되는 총이익을 의미한다. 실제로 고객을 새로 개발하는 데 드는 마케팅 비용보다 재거래 고객을 유지하는 비용이 저렴하다. 여기엔 재거래 고객이 다른 고객에게 상품이나 서비스를 추천하는 '고객추천가치'도 포함된다. 고객이 우리를 좋아하게 만들고, 그 만족감을 지속할 수 있게 만들어준다면 그들은 우리에게 고객생애가치를 안겨준다는 것이다.

고객에게 지속적인 가치를 전달하면,
그들 역시 우리에게 지속적인 부의 가치를 가져다준다

배민 앱은 2천만 이상이 이미 다운로드를 했고, 코로나 이후로 더 증가했다. 진짜 배달음식을 좋아해서, 야

근이 많아서, 친한 사람들하고 모여서 축구를 보기 위해, 또 재택근무를 하며 집밥이 지겨워서 등 여러 이유들을 가진 고객이 다운로드를 했을 것이다. 배민은 그들에게 음식과 함께 행복한 시간을 제공해주는 것이 고객에게 필요한 가치라고 생각했고, 그런 플랫폼을 만들기 위해 노력했다. 또 플랫폼에 들어오게 하는 것도 중요하지만 그들을 머무르게 하는 것도 중요하다고 여겨 여러 재미있는 요소를 통해 고객을 붙잡아두는 데 주력했다.

고객의 마음을 사로잡을 방법 찾기

고객이 누구인지 알았고, 그들의 마음과 욕망을 알아가기 시작했다면 그들을 사로잡기 위한 방법들을 익혀나가야 한다. 《팔지 마라, 사게 하라》에 보면 고객의 마음을 사로잡는 여러 기술이 나오는데, 그 모든 기술의 핵심은 칼자루를 쥔 사람이 누구인지 결론을 내린 후 접근해야 한다는 사실이다. 판매자는 항상 '우리의 제품을 어떻게 팔아먹을까'를 궁리하고 구매자는 '돈을 어떻게 쓸까?'를 궁리한다. 즉 칼자루를 쥔 사람은 고객이다. 한 예로 손난로를 파는데 "손난로 사세요." 라고 하고 "여자친구 추워요." 중에서 어떤 문구를 선택하겠는가. **고객의 마음을 사로잡고 싶다면 판매자가 아닌 구매자의 입장에 서서 그들의 마음이 되어라.** 어느 책에서 이를 '빙의하라'고 표현하기도 했는데 참 적절한 표현이다.

그리고 나는 수업에서 자주 '경쟁사를 활용하라'는 말을 쓴다. 잘하고 있는 곳을 보면 분명 이유가 있다. 같은 제품, 같은 서비스를 제공하는데 훨씬 더 많은 고객이 온다면 그들의 고객이 그 회사가 제공하는 어떤 부분에 만족감을 느끼는지 살펴보고 벤치마킹하는 것은 분명 도움이 된다. 나보다 먼저 시작했든 아니든 이미 잘하고 있는 곳은 많은 돈과 노력을 들여 그 자리까지 갔을 것이다. 그걸 고스란히 따라 하라는 것이 아니라 그들이 가진 좋은 점이 무엇인지 들여다보고 참고하고, 그들의 부족한 점은 내 것으로 채워 넣으라는 뜻이다. 다음 질문을 참고하면 도움이 될 것이다.

> 1) 내 분야에서 성과를 내는 경쟁사는 어디인가?
> 2) 경쟁사가 잘하고 있는 점과 아쉬운 점은 무엇인가?
> 3) 내가 가진 차별화는 무엇인가?
> 4) 고객들이 내가 아닌 그곳에 모여드는 이유는 무엇인가?
> 5) 앞으로 고객이 나에게서 구매해야 한다면 그 이유는 무엇인가?

이 질문에 순차적으로 답을 찾아 나가다 보면 많은 인사이트가 일어날 것이다. 무엇을 놓치고 있었는지, 무엇을 보완해야 하는지 확실히 보이게 된다. 또 무엇보다 이미 잘되고 있는 기업들은 고객에 대한 이해도가 높을 가능성이 크기 때문에 그 부분에 대해 반짝이는 인사이트를 얻을 수 있다. 조금 더 구체적으로 고객을 설정하고, 우리 제품의 부족한 부분을 더욱 정확하게 파악하는 과정이 될 수 있다. 다른 곳과 비교를 극도로 싫어하는 사람들도 이 과정을 경험하고 나면 무릎을 치며 새로운 발견을 하게 된다.

고객, 고객, 고객이 중요하다고 하지만 그 고객을 파악하고 그들을 만족시키는 일은 언제나 힘들다. 그러나 이는 기업이 생존하는 이상 영원히 지속해야 할 숙

제다. 나 역시 이 일을 해오면서 여러 차례 고객이 바뀌고 또 그들의 욕구가 바뀌는 것을 경험했다. 동시에 변하지 않는 본질적인 특성도 알게 되었다.

사업을 하면서 오직 고객을 파악하는 것을 1번으로 두고, 거기에 몰입하는 시간을 오래 가지는 것은 비즈니스를 하는 사람들에게 가장 중요한 일이다. 명심하라. 고객을 알기 위한 여정에는 아무리 많은 시간을 투여해도 아깝지 않다. 그 모든 시간이 다 나에게 성공으로 환산되어 온다면 주저할 이유가 있겠는가.

"삶의 규칙을 새롭게 써라."

-롭 무어 《레버리지》 중에서

Part04.

최고의 CEO들에게서 배우는 부의 마인드

· 마인드1 ·

최고가 되려면 최고에게서 배우고, 최고로부터 인정받아라

"변화를 원한다면 조수석에서 나와 운전석에 앉아라. 그리고 코치를 찾아라. 코치 없이 남다른 성과를 이룬 사람은 드물다."

게리 켈러, 제리 파파산 《더 원씽》

최고가 된다는 것은 누구나 갈망하는 일이지만 누구나 될 수 있는 것은 아니다. 최고의 자리는 늘 많지 않고, 경쟁이 치열하며, 지속적인 노력 없이는 계속 유지하기도 힘들다. 그러나 **우리는 왜 최고가 되려는 걸까?**

최고의 자리에 있는 사람들을 왜 부러워하는 걸까? 그들은 자신이 하고 싶은 일 혹은 하는 일에 대해 확실한 전문성을 가지고 있으며, 자신이 원하는 때에 원하는 것을 할 수 있다. 사람들로부터 존경을 받으며, 말과 행동에 힘을 갖는다. 최고가 된다는 것은 분명 멋진 일이며, 한 번뿐인 삶에서 누구든 꿈꿔볼 만한 매력적인 일임은 분명하다.

나 역시 최고를 꿈꾸는 사람이었고 지금 역시 그렇다. 그래서 눈만 뜨면 '어떻게 하면 최고가 될 수 있을까?'를 고민했다. 나는 다른 기업이 매출 목표를 달성하고 성장하는 일을 도우면서, 그들에게 이렇게 조언한다. "비즈니스에서 성과를 내고 싶다면 다른 기업이 이미 성과를 낸 과정을 들여다보는 것만으로도 많은 도움을 받을 수 있습니다."라고. 우리는 많은 경우 잊고 있지만, 실은 **어떤 것이든 가장 빨리 습득하는 방법은 내가 목표로 정한 것을 이미 이룬 사람들이 걸어온 길을 들여다보는 것이다**. 그리고 그대로 따라 해보는 것이다.

그래서 사업을 시작하기 전부터 사업을 해오는 지금까지 내가 변함없이 해오는 일이 있다. 바로 성공자들의 행동을 모방하고 그들이 걸어간 길을 탐색하고 배우는 일이다. 나는 지극히 평범한 사람 중 하나일 뿐이다. 누군가 나에게 "너는 성공의 가능성이 보인다."고 이야기한다면 그것은 내가 '최고'라고 불리는 사람들의 DNA를 내 삶과 생각 속에 장착하기 위해 노력했기 때문일 것이다. 나는 내가 목표한 성공을 이루기 위해, 그들의 삶을 철저히 모방하는 중이다. 그들에게 길을 묻고, 그들이 걸어간 길에서 중요한 지점들을 살펴보기 위해 노력하는 중이다.

우리는 누구나 이미 가지고 태어난 것을 변화시킬 수 없지만, 미래를 창조해나갈 수 있는 강력한 힘을 갖출 수는 있다. 밑바닥부터 시작해 하나하나 실패까지 직접 경험하면서 모든 걸 알고 성장해나가는 것 또한 의미는 있다. 그러나 우리는 성공하는 것이 목표이며, 최고가 되는 것이 꿈이다. 적어도 내 분야에서, 내가 하는 사업을 통해 성공과 부, 행복과 기여를 꿈꾼다. 그렇다면 그 길을 빨리 갈 수 있는 방법을 선택할 수 있고, 그래야만 한다. 그것이 바로 '최고를 통해 배우는 것'이다. 그들의 이야기에 귀를 기울이고 그들이 걸어간 길을 보는 것만으로도 우리는 많은 영감을 얻을 수 있다.

전 세계적인 성공철학의 거장인 나폴레온 힐은 자신의 삶에서 잡은 최고의 '우연'은 바로 '앤드류 카네기'를 만난 것이라고 말했다. 카네기가 자신의 마음에 심어준 가치를 '성공철학'으로 만들어 완성시킨다는 아이디어를 시작으로 25년간의 노력과 연구 끝에 책을 출간하고 그 책을 통해 강연을 하면서 많은 사람들을 성공으로 이끌었다. 그 과정에서 엄청난 부를 축적했음은 물론이다.

오디션 프로그램에 참가한 많은 참가자들이 하나같이 이야기하는 게 있다. 출연 전까지 많은 고민을 했지만 떨어질 것을 알고서도 지원한 이유는, 국내의 내로라하는 심사위원들이 건네주는 따끔한 조언 한 마디가 자신의 삶을 바꿀 희망이 되어주기 때문이라는 것이다.

나는 매일 업계 최고들을 만난다. 평생 한 번 만나보기 힘든 CEO들을 직접 만나는 것 자체만으로도 영광스러운 일이다. 시간당 수백만 원의 컨설팅 비용을 받는 분들과 함께 일을 하는 과정에서 나는 어떤 책에서도 얻을 수 없는 비즈니스 노하우와 삶의 철학을 배우게 된다. **성공한 사람들, 최고가 된 사람들에게는 반드시 그렇게 될 수밖에 없는 마인드가 있다.** 결국 내가 하는 일은 사람들이 부자가 될 수 있도록 돕는 일이기 때문에, 나는 이 책의 마지막 파트를 통해 내가 직간접적으로 만난 최고들이 가졌던 마인드와 사고법에 대해 정리하려고 한다.

우리가 사업을 하는 근본적인 이유는 돈을 벌기 위함이고, 부자가 되기 위함이다. 그러나 열심히 한다고만 해서 부자가 되는 것은 아니다. 그들의 마인드와 사고방식을 이해하는 것은, 분명 우리의 성공을 앞당기는 중요한 열쇠가 되어줄 것이다.

―――― • 마인드 2 • ――――

나에게 집중하는가,
남에게 집중하는가

"타인의 자부심을 높여주고 그들이 스스로 중요한 사람이라고 느끼도록 말하고 행동하는 삶을 습관화하라. 당신이 말하고 행한 모든 친절과 관대함은 부메랑처럼 당신에게 돌아와 당신을 더 행복하게 건강하고 성공적인 사람으로 만들어준다. 여기에 한계란 없다."

브라이언 트레이시 《백만불짜리 습관》 중에서

지금 자신의 성공을 향해 걸어가는 사람에게 '다른

사람'을 생각하라는 말은 참 한가하게 들릴지도 모른다. '성공하고 나면, 돈을 많이 벌게 되면, 좀 더 여유가 생기면' 그때 다른 사람과 그것을 나누겠다고 말하는 경우도 많다. 언젠가는 누군가와 함께 내가 번 것을 나누겠다는 마음도 물론 소중하다. 그러나 이 마인드가 내 사업과 삶의 방향성을 결정한다면 어떨까?

나는 대학 4학년 내내 장학금을 받으며 학교에 다녔다. 힘든 가정 형편으로 어쩔 수 없었지만, 나로 인해 나보다 더 힘든 사람들이 혜택을 받지 못했을지도 모른다는 생각에 항상 그 빚을 갚겠다는 마음을 가지고 있었다. 돈을 벌기 시작하면서 공부를 하고 싶지만 돈이 없어 힘들어하는 친구들을 돕기 시작했는데, 내가 만족할 만큼 성공을 이루어놓지 못한 상태에서는 도움을 주고자 하는 마음에 제약이 생긴다는 것을 경험했다. 그러면서 '아… 우리가 돈을 벌어야 하는 것, 성공을 해야 하는 것은 이런 이유 때문이구나.' 하는 것을 절감하게 되었다.

내가 수업과 컨설팅 때 강조하는 '마케팅 사고법'의 핵심은 바로 '고객에 초점을 맞추는 것'이다.

시장을 움직이는 힘은 고객에게서 나온다. 나의 진정성이 그들에게 어떤 가치로 전달되어 나를 선택하게 만드는가가 우리 사업의 성패를 결정하는 것이다. 그런데 여기서 '진정성'이란 진심으로 상대가 잘 되기를 바라는 마음이다. **나의 철학과 가치를 담은 이 상품과 서비스가 고객에게 진정으로 도움이 되고 행복이 되기를 바라는 마음, 그것이 곧 상대방의 마음을 움직인다**는 소리다. 상품과 서비스를 기획할 때 '내가 무엇을 잘하는가' '나는 무엇을 안겨줄 것인가'가 아니라 '그들이 무엇을 원하는가'에 초점을 맞추는 것이 훨씬 성공 확률을 높인다. 즉 내가 그들에게 '무언가를 파는 것'이 아니라 '그들에게 필요한 것을 안겨준다.'는 관점으로 바뀌어야만 그들은 우리에게 부를 가져다주고 우리를 선택해준다는 것이다.

나는 수천억 자산가를 브랜딩하는 과정 속 여러 프로젝트를 기획하고 총괄하면서 정말 많은 것을 배웠고 지금도 배워가는 중이다. 실제로 현장에서 사람들과 함께하는 회장님의 모습뿐 아니라, 크고 작은 프로젝트 하나를 진행할 때마다 그 결정에 영향을 미치는 요인을 발견하면서 놀라움을 감추지 못했다. 그것은 곧 대부분의 성공자들이 가진 공통적 마인드 중 가장 핵심적인 것으로, 바로 그들은 '자신의 이득이 아닌 남의 이득에 집중한다.'는 것이다.

우리는 '부자가 된다'는 것을 내 창고를 가득 채우는 것으로 생각하기 쉽지만, **진짜 부자들은 다른 사람의 창고를 채워줌으로써 내가 부자가 되는 법을 터득한 사람들이다.** 어떻게 하면 다른 사람들을 성공하게 만들어줄 수 있을까, 내가 제공하는 서비스와 상품으로 인해 어떻게 행복을 누리게 할 수 있을까, 그들이 어떻게 마음의 평안과 진정한 휴식을 취할 수 있을까 등을 생각한다. 그들로부터 성공을 얻게 되었으므로 당연히 얻은 것을 공유해야 한다고 느끼며, 가진 것을 나눈다. 이것은 단순히 물질적인 것을 넘어선다. 그들은 배운 것을 남들과 나누고 성공자로서 가진 긍정적 에너지와 좋은 기운까지도 공유하기 위해 노력한다. 성공한 사람들 주변에는 항상 사람이 끊이지 않는 것을 볼 수 있다. 그들은 행복을 굳이 찾는 것이 아니라 현재에 행복을 느끼고 긍정적 에너지를 풍긴다. 주변 사람들은 그들을 만나 그 에너지를 공유하고 싶어 하고, 그들을 통해 귀감을 얻고 덩달아 좋은 기운을 받는다.

'부자'가 되기 위한 최고의 마인드는 곧 '남에게 이득을 주는 사람이 되는 것'이다. 그래서 사람에 대한 존중과 사랑을 기본 바탕으로 타인의 행복과 이익에 집중하는 사람이 되려고 한다. 내가 만약 엄청난 부자가 된다면 그것은 모두 타인으로 인한 것임을 믿는다. 나의 이 마인드는 앞으로 행하는 모든 사업에 있어 길잡이가 될 것이다. 그리고 나는 과감하게 이것이 가장 중요한 '부의 마인드'라고 이야기하려 한다. 왜냐하면 내가 만난 모든 성공자들이 이 마인드를 어김없이 갖추고 있었으며, 실패와 위기를 딛고 일어서는 모든 과정에 이 마인드가 발휘되었다는 것을 알 수 있었기 때문이다. 그들은 더 높은 목표와 성공의 동력이 다른 사람을 위한 마음에 있었다는 것을 결코 부인하지 않는다.

또한 그것이 자신들을 성공의 자리에 올려다 주었다고 확신한다.

― • 마인드 3 • ―

부자가 세상을 보는
1% 차이

"부자가 되려면 부자와 같은 시선으로 세상을 보라."

사이토히토리 《부자의 관점》 중에서

지금 당신이 바라보는 세상은 어떠한가?

우리가 세상을 바라보는 현재의 생각은 우리의 수준을 이야기해준다. 자신의 환경에서 벗어나지 못하고 실패를 거듭하는 사람들은 세상이 불공평하고, 부조리하며, 모든 것이 자신의 성공에 방해가 된다고 느낀다. 그렇다면 성공자들이 세상을 보는 시선은 어떨까?

내가 아는 미국의 큰 기업 대표님은 1년에 엄청난 세금을 내는데, 세금을 내는 날이 가장 기쁘다고 말한다. 이렇게 엄청난 세금을 내는데 아깝지 않느냐고, 모든 사람이 세금을 줄이기 위해 노력하는데 왜 그런 노력을 하지 않느냐는 질문에 많이 벌었으니 많이 내는 게 당연하고, 많이 내서 많이 쓰일 수 있는 게 얼마나 좋으냐고 대답했다. 그에게 세상은 공평하고 우호적이며 자신의 실패를 관대하게 용서하고 성공으로 이끌어주는, 꿈을 펼쳐가는 최고의 장이라고 덧붙였다.

내가 가장 존경하는 부자인 일본인 '사이토히토리'는 일본의 기업 긴자마루칸(銀座まるかん)의 창업자이자 기업인으로, 일본에서 유일하게 12년간 납세액 1위를 여러 번 기록한 적이 있는 거부(巨富)인데, 납세액만 총 173억 엔(약 1600억 원)이라는 말도 안 되는 기록을 가지고 일본에서 1위에 올랐다. **결국 부를 이루는 사람과 이루지 못하는 사람의 차이는 '세상을 어떤 시선으로 보는가'에 달려 있다.** 부자의 관점으로 세상을 보아

야만 부자가 될 수 있다는 것이다. 게다가 그는 '부자가 세상을 보는 것은 단 1%의 차이'라고 이야기한다. 아주 큰 차이가 아니다. 아마 '한 끗'이라는 표현이 아주 적절할 것이다. 이 작은 차이가 우리를 가난한 사람으로 살게 할 수도, 부자의 삶을 살게 할 수도 있다.

그렇다면 이 시선의 차이는 무엇이며 어떻게 가질 수 있는 걸까?

나는 종종 함께 일하는 사람이나 주변 사람들 중 유난히 '힘들다.'는 말을 자주 달고 사는 사람을 보게 된다. 그런데 사이토히토리는 이야기한다. '우울하다.' '마음이 아프다.' '힘들다.'고 말하는 사람들이 있는데, 사실 이 경험은 세상을 살아가는 모든 인간이 경험하는 감정이라고 말이다. 애인에게 실연을 당하면 슬프고, 원하던 시험에 떨어지면 낙심이 된다. 될 거라고 믿었던 것이 잘 안 되고, 확신했던 일이 안 풀리고, 나 자신에게 실망하는 실수나 실패의 순간이 되면 힘들고 우울해진다. 그러나 이 모든 일은 우리가 살면서 정말 누구나 겪는 일이 아닌가. 누구도 이 일들을 미리 예고해주지 않으며 신이 특혜를 줄 리도 없기에 우리는 갑자기 어느 순간 이런 일들과 맞닥뜨리며 살아가게 된다.

그러나 우울해하고, 힘들어하고, 아파하는 시간은 결코 이 순간을 해결해주지 않는다. 우리는 반드시 이 일들을 해결하고 극복해나가야 다음 단계를 밟을 수 있다. 꽤 긴 시간 동안 우울감에서 빠져나오지 못하거나 힘든 감정을 안고 있는 경우 그 인생이 행복하거나 성공적으로 펼쳐질 가능성은 낮다. 사업을 잘 운영하다가 사기를 당하고 나락으로 떨어진 사람, 가족과 지인의 배신으로 하루아침에 노숙자가 된 사람, 갑자기 장애를 안고 새로운 삶을 살게 된 사람이 상황을 역전시키고 인생을 성공으로 만들어버린 스토리는 바로 이러한 순간에 대응하는 그들의 태도와 시선이 달랐기에 가능했다.

그들은 자신이 실패한 것, 낙오한 것, 힘겨운 상황에 놓인 것을 세상의 잘못이라 여기기보다 자신들이 풀어야 할 숙제이며 그릇이 키워지는 과정임을 겸허하게 받아들인다. 물론, 인간이기에 힘들 수 있다. 나 역시 실패를 겪고 뜻대로 되지 않을 때 절망감 앞에 허우적대기도 했다. 그러나 그렇게 정지한 시간들이 결코 나를 다시 평화롭게 만들어주거나 더 나은 상황으로 데려다 주지 않을 것을 알았다. 그래서 그 문제가 주어진 이유를 발견하고 극복하기 위해 최선을 다했다. 최선을 다하는 과정에서 어려움을 극복하는 근력이 생기고, 성장했음은 물론이다. 다음에 같은 일이 일어날 확률이 줄어든 것도 사실이다. 이것이 성공을 향해 가는 지름길이자 비법이다.

어느 기업의 대표가 그런 말을 했다. 부를 이룬 사람들은 목표를 높게 잡는다고. 목표를 높게 잡으면 달성할 확률도 낮고 그래서 항상 '실패'를 경험해야 하고 좌절을 경험해야 함을 알면서도 그렇게 하는 데에는 이유가 있다. 100을 목표로 하면 잘 못 해도 70은 달성할 수 있지만, 50을 목표로 하면 절대 70을 달성할 수 없기 때문이라는 것이다. 그들은 높은 목표와 이상을 즐긴다. 거기에 다가가려는 노력이 남들의 갑절 혹은 그 이상이 드는 것도 절대 고생이라 생각하지 않는다. 더 많이 얻어야 하니 더 많은 힘을 들이고 노력하는 것이 당연하기 때문이다. 그래서 그들은 일할 때 "고생하셨어요."라는 말도 하지 않는다고 한다. 남을 기쁘게 하며 돈도 버는데, 이보다 더 행복한 일이 어디 있겠냐는 것이 그들이 세상을 살아가는 태도이자 세상을 바라보는 시선이다.

부자가 되고 싶다면 우리의 시선을 점검하자.

사실 그것은 정말 한 끗 차이일 수도 있다. 그러나 그 한 끗 차이를 바꾸기 위해서는 지금 당장의 결단과 노력이 필요하다. 부정적 에너지를 긍정적 에너지로 바꾸기 위한 각오가 필요하다. 그러나 지금 이 노력과 결단이, 이 한 끗 차이가 10년 후 아니 5년 후 우리의 미래를 완전히 바꾸어놓을 것은 분명하다.

· 마인드 4 ·

정신적으로도
풍요로운가

"돈에 끌려다니는 삶이 아니라 돈이 저절로 끌어당겨지는 삶, 어떤 것에도 구애받지 않는 삶을 원한다면 항상 마음을 풍요롭게 유지하고 풍요로움에 대한 기쁨만을 생각해야 한다는 것이다."

이노우에 히로유키_《배움을 돈으로 바꾸는 기술》 중에서

내가 생각하는 부자는 물질적인 풍요로움은 물론 정신적인 풍요로움을 모두 가진 사람이다. 물질적인 풍요로움에 대해서는 여러 책에서 혹은 사람들이 각각 다른 방식으로 정의를 내리는데, 나는 언제 어느 때나 내가 하고 싶은 것을 하고 또 살 수 있는 데 제약이 없는 것. 충분히 나 자신과 다른 사람을 도울 수 있을 정도의 돈을 가진 상태를 물질적인 부자라고 말할 수 있을 것 같다.

그런데 정신적 풍요로움은 무엇을 의미할까. 우리는 가끔 매스컴을 통해 안타까운 뉴스를 접할 때가 있다. 재벌들의 입에 담기 힘든 행동들이나 더 많은 부를 놓고 벌이는 싸움, 혹은 엄청난 부를 쌓고도 제대로 한 번 써보지도 못한 채 자식들의 싸움만 남겨놓고 외로이 떠나는 사람들의 이야기들을 들을 때면 과연 저들은 저렇게 많은 부를 쌓고도 행복한 적이 있을까 하는 생각을 하게 된다.

반대로 평생 김밥을 팔아 모은 몇 억 원의 돈을 어려운 사람들을 위해 기부하고, 많은 부를 얻을수록 더 많은 나눔의 장을 열어 긍정 에너지를 전파하는 사람들의 소식도 접할 수 있다. 그들이야말로 물질적 풍요뿐 아니라 정신적 풍요로움을 모두 지닌 사람들이다.

부를 이루기 위한 네 번째 마인드는 바로 '정신적 풍요로움'을 추구하는 것이다. 그것은 곧 '행복한 부자'가 되는 것을 의미한다. 앞에서 말했듯 아무리 많은 부를 가졌어도 우리의 편협한 생각과 이기적인 욕심은 그 부를 오히려 사회의 악으로 만들고 나를 행복하게 하는 데 걸림돌로 전락하게 만든다.

요즘에는 배가 고파서 죽는 게 아니라 기분이 나쁘고 정신적인 고통으로 자살을 하는 사람이 훨씬 많은 세상이 되었다. 행복에 대해서는 저마다의 기준이 있겠지만, 배가 부른 것보다 정신적으로 풍족한 상태가 될 때 우리는 더 큰 행복을 느낀다. 나는 그것을 정신적 풍요로움이라고 생각한다. 특히 내가 누군가에게 이득이 되고 행복을 안겨줄 수 있다고 느낄 때 그 풍요로움은 극에 달한다.

그래서 깨어 있는 부자들 중에는 자신이 가진 것으로 인해 교만해지고, 그 교만함이 정신적 풍요로움을 앗아가지 않도록 하는 데 많은 시간과 에너지를 투여한다. 날마다 명상을 하고 마인드를 컨트롤하며 욕심을 내려놓고 사람들과 가진 것을 공유하기 위한 계획을 짠다.

우리는 행복해지기 위해 부자가 되고 싶어 한다. 그러나 부를 이룬다고 해서 무조건 행복해지는 것은 아니라는 사실을 잘 알고 있다.

이 책을 읽는 우리는 모두 부자가 될 것이다.

그러니 지금부터 우리는 '어떤 부자가 될 것인가'를 생각해야 한다. 나는 매일 나의 미래를 미리 상상한다. 그것이 곧 현실이 된다고 믿으며 오래전부터 계속해서 상상하기를 해오고 있는데, 내가 부자가 되는 그림을 그릴 때마다 나는 '어떤 부자가 될 것인가'에 대한 구체적인 모습을 상상하게 된다. 항상 그 상상의 끝에서 깨닫는 것은 아무리 많은 부를 이룬다 해도 누군가와 함께하지 않는 내 모습을 통해 행복감을 느끼지는 못하리라는 사실이다. 성공자들의 발자취를 따라가면서 그들 곁에는 항상 사람의 향기가 가득하며, 배우고 가르치는 선순환의 과정을 통해 모두 함께 성장해나가는 모습을 보게 된다. 그들은 지칠 줄 모르는 에너지를 가지고 있으며, 타인을 위한 시간과 함께 자신을 아끼고 사랑하는 시간도 아끼지 않는다.

  진짜 성공은 바로 이런 정신적, 물질적 풍요로움을 모두 가진 것을 일컫는 말일 것이다. 돈을 추구한다면 그 끝엔 돈만 남겠지만 진짜 성공을 추구한다면 그 끝에는 돈뿐 아니라 사람 그리고 행복이 기다리고 있을 것이다.

마인드5

윈-윈에 대한 확고한 철학

자기계발 분야의 세계적인 선도자이자, 마인드밸리의 창업자 비셴 락히아니는 자신의 책을 통해 이런 이야기를 해주었다. 인간에게는 삶에 대한 진짜 목표가 있는데 그 목표는 다음 세 가지 바구니 중 하나에 들어간다는 것이다.

첫째는 경험의 바구니다. 행복을 유지하기 위해 일상에서 경이와 흥분을 느껴야 한다. 그리고 행복해야 우리는 목표를 추구하며 앞으로 나아갈 수 있다.

둘째는 성장의 바구니다. 지혜와 깨달음이 깊어지는 것이다. 우리가 선택하여 성장할 수도 있고 예기치 못한 상황에 처해서 성장하게 될 수도 있다. 그 어떤 일에서도 성장할 수 있으므로 인생은 끝없는 발견의 여정이다.

셋째는 공헌의 바구니다. 많이 경험했고 성장했다면 어디에든 공헌할 수 있다. 세상에 기여함으로써 자기만의 특별한 흔적을 세상에 남긴다. 베풂은 비범한 삶에 꼭 필요한 요소로 우리 삶에 의미를 부여해주고 최고 수준의 행복과 깨달음에 이르게 한다. 이 세 가지 바구니를 질문으로 바꾸면 다음과 같다.

---

1) 나는 삶에서 어떤 경험을 하고 싶은가?
2) 나는 어떻게 성장해가고 싶은가?
3) 나는 어떤 공헌을 하고 싶은가?

언젠가 알렉스 바나얀의 《나는 7년 동안 세계 최고를 만났다》에 있는 한 문구를 읽으면서 가슴이 뭉클해

진 적이 있다.

"내가 어렸을 때 30대의 기업가들이 나를 거둬주었어. 세상은 그렇게 돌아가는 거야. 서로 베푸는 거지."

아마도 내가 힘들었을 때 나를 이끌어준 많은 사람들이 떠올라서였을 것이다. 지금도 마찬가지지만 지금 현재 내가 갖고 있는 나의 작은 가치를 인정해주는 사람들을 결코 잊지 못할 것이다. 나는 그들과 계속해서 윈-윈의 관계를 만들어가리라 다짐한다. 우리의 성공은 나 자신만을 위하는 데 있지 않다. 미래의 꿈을 앞당기고 싶다면 내 목표가 위의 세 가지 바구니 중 어디에 해당하는지 점검해보자. **사람들이 사랑이 있는 기업을 선택하는 것은 변함없는 비즈니스의 법칙이다.** '나만 이익을 내면 그만이다, 경쟁에서 나만 이기면 된다.'는 사고방식을 가진 기업은 앞으로는 선택받지 못한다. 그것이 세상의 흐름이 되었다.

앞으로의 시대, 변하지 않는 가치. 그것은 '이타적일 것' 그리고 '사람과 사회를 행복하게 하는 것'이라는 비즈니스의 진리로 회귀하는 것임을 잊어선 안 될 것이다. 이러한 비즈니스의 원리는 우리의 삶에서도 어김없이 적용되며, 이것이 윈-윈의 첫걸음이다.

나는 최근 새로운 강좌 개설을 앞두면서 어떻게 하면 이 강좌가 수강생들에게 이익을 안겨줄 수 있을까에 초집중했다. 지금 비즈니스를 준비하고 있거나 혹은 이미 시작해서 걸어가고 있는 사람들은 성공을 위한 다양한 방법들을 찾기 위해 고군분투하고 있다. 나는 그들이 부를 이루기 위한 마인드를 가지고, 시장을 움직여 지속적인 부를 끌어당기기 위한 마케팅 사고법을 장착하는 데 꼭 필요한 것들을 중심으로 강좌를 기획했다. 나는 이 강좌가 성공할 것이라 확신한다. 상대방에게도 이득이 되고 나에게도 이득이 되는 것은 항상 술술 일이 잘 풀리는 것을 여러 차례 경험했기 때문이다. 이것은 나의 이야기가 아니라 수많은 성공자들이 입을 모아 하는 이야기다.

자신과 남에게 도움이 되는 사람은 반드시 성공한다는 사실을 믿어라. 나와 상대를 모두 이기게 하는 법은 결코 틀린 적이 없으니까.

기획자의 에필로그

나는 저자가 3년 전에 완성한 이 원고를 지금까지 오로지 강연과 1:1 코칭의 프레젠테이션으로 활용되어져만 온 것이 아쉽고 안타까웠다.

이 원고가 그저 이름도 없이 '원고'라는 한낱 무채색 상자 속에 묻혀 있기에는 좋은 인사이트들과 진정성 그리고 많은 경험 사례와 노하우로 쌓인 내공의 힘이 아까웠다. 이 원고를 접하면서 생명을 불어넣어 주고 싶다는 마음이 들었다. 아니 어쩌면 이 원고가 내게 말을 걸어온 것일지도, "이제는 빛이 있는 세상 밖으로 나가고 싶다!"라고 하면서 나를 끌어당긴 것일지도 모른다.

이렇게 서로의 끈을 이어 붙여가며 펴내게 된 이 책은 말 그대로 탄생 그 자체에 큰 의미가 있다. 이 원고에 <마케팅 사고법>이라는 제목으로 옷을 입히고 모양을 다듬어 가며 그렇게 생명을 불어넣는 과정에서 박진영 작가님과 권정현 편집자님, 서승연 디자이너님, 김미영 작가님, 현혜선 대표님, 이현경 님 외에 같이 고민해 주시고 응원해 주신 분들이 함께 해주셨기에 <마케팅 사고법>은 사랑과 풍요로운 관심을 받으며 이렇게 세상의 빛으로 탄생하게 되었다.

완벽보다는 완성을 기하며 책의 탄생에 대해 한치의 주저함도 없이 달려왔다.

잠시 주춤했던 순간도 있었지만 다시 앞의 길이 보였고, 지금까지 지나온 길의 연결된 점들을 되돌아보면서 앞으로 만들어 이어갈 점들을 꿈꿔 본다.

굿멘토의 더 큰 세상을 기대해 보며!!

한혜준

CEO를 위한

마케팅 사고법

초판 1쇄 발행 2024년 6월 14일
초판 3쇄 발행 2024년 7월 12일

지은이   박진영
펴낸이   굿멘토
기획 편집   권정현
디자인   서승연
출판총괄   한혜준
마케팅   이현경 김미영 현혜선
경영지원   진코치랩

ⓒ박진영 2024
ⓒ굿멘토 2024

등록번호   2024년 5월 28일, 제 2024-143호
주소   (06069)서울시 강남구 선릉로 704, 12층 (청담동, 청담빌딩)
전화   02-6402-1588

ISBN   979-11-987985-0-3

* 잘못된 책은 구입하신 서점에서 바꾸어 드립니다.
* 책값은 뒤표지에 있습니다.
* 이 책은 저작권법에 따라 보호를 받는 저작물이므로 무단 복제 및
  무단 전재를 금합니다.